远 见 成 就 未 来

GROUP

建 投 书 店 投 资 有 限 公 司
More than books

赫本手拿奥斯卡小金人奖杯,喜悦之情溢于言表。

与父亲鲁斯顿的合影。

与母亲埃拉的合影。

安妮·弗兰克（1929—1945），为了逃避纳粹党对犹太人的屠杀，被迫躲藏在荷兰阿姆斯特丹的家中密室生活了两年之久。她将两年生活的日记收集整理，以《安妮日记》命名并出版问世。

1946年前后，做平面模特摆造型的赫本。

《初恋》中饰演纯真的芭蕾舞演员。

赫本与未婚夫詹姆斯·汉森一起。

西朵妮·加布里埃尔·柯莱特（1873—1954），法国作家，她创作出很多优秀的文学作品。

威廉·惠勒（1902—1981），三次获得奥斯卡最佳导演奖，是好莱坞黄金时代的代表导演之一。代表作有《呼啸山庄》《西部人》《罗马假日》《宾虚传》等。

《罗马假日》上映后,赫本一跃成为著名影星。(电影剧本收藏/AFLO)

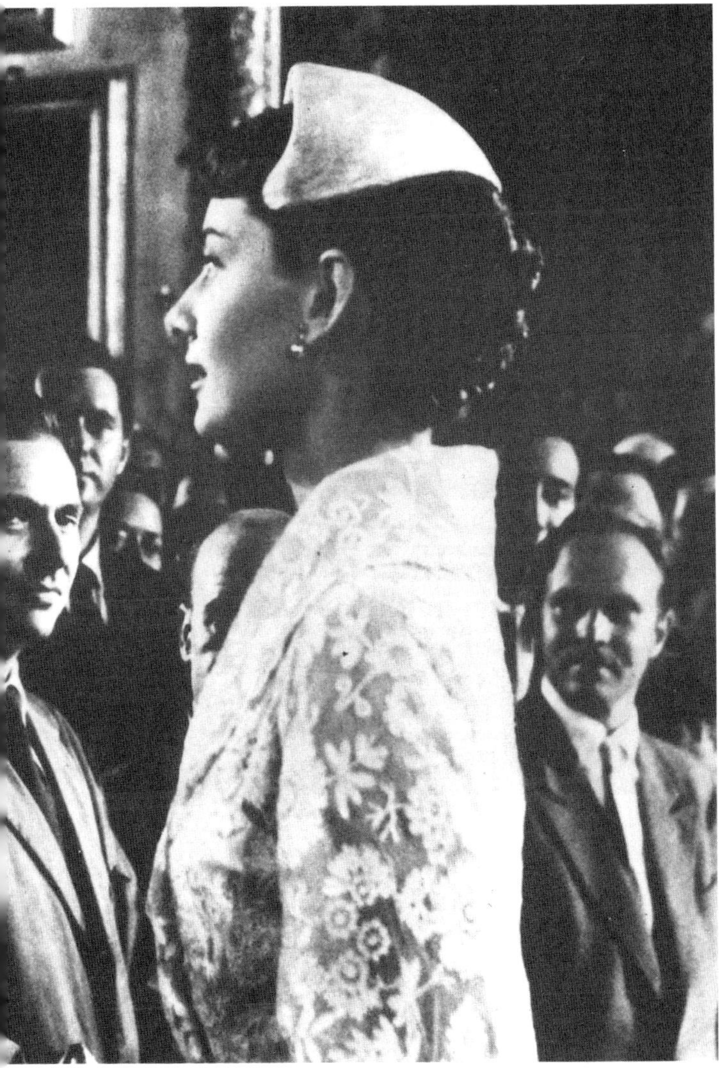

百老汇剧场的电子广告板。上面写着"奥黛丽·赫本(饰演)'琪琪'"。

赫本与丈夫费勒、儿子肖恩。和家人在一起的时光比其他任何事情都重要。
(Rex Features/AFLO)

奥斯维辛-比克瑙集中营的铁路连接线。从欧洲各国用货车车厢装运来的犹太人被关押在集中营，境遇悲惨。

赫本及家人一起生活的地方——"和平之邸"。1993年1月20日，赫本在这里离世。

我是
奥黛丽·赫本

无论失意得意,我都知道自己想要的是什么

筑摩书房编辑部 著
邹璟 译

中国出版集团
中译出版社

图书在版编目（CIP）数据

我是奥黛丽·赫本 / 日本筑摩书房编辑部著；邹璟译. -- 北京：中译出版社，2019.7
ISBN 978-7-5001-5977-3

Ⅰ. ①我… Ⅱ. ①日… ②邹… Ⅲ. ①赫本（Hepburn, Audrey 1929—1993）—传记 Ⅳ. ①K837.125.78

中国版本图书馆CIP数据核字（2019）第149818号

CHIKUMA HYODEN SERIES "PORTRAIT" AUDREY HEPBURN: SEKAI NI AISA RE TA GIMMAKU NO STAR
Copyright © CHIKUMASHOBO LTD. 2015
Chinese translation rights in simplified characters arranged with CHIKUMASHOBO LTD. through Japan UNI Agency, Inc., Tokyo and Hnahe International (HK) Co., Ltd., Beijing.

版权登记号：01-2018-8197

我是奥黛丽·赫本

出版发行：	中译出版社
地　　址：	北京市西城区车公庄大街甲4号物华大厦六层
电　　话：	（010）68359101；68359303（发行部）；
	68357328；53601537（编辑部）
邮　　编：	100044
电子邮箱：	book@ctph.com.cn
网　　址：	http://www.ctph.com.cn
出 版 人：	张高里
特约编辑：	冯丽媛　楼伟珊
责任编辑：	郭宇佳　孔吕磊
封面设计：	肖晋兴
排　　版：	壹原视覺
印　　刷：	北京中科印刷有限公司
经　　销：	新华书店
规　　格：	787毫米×1092毫米　1/32
印　　张：	5.25
字　　数：	45千字
版　　次：	2019年7月第1版
印　　次：	2019年7月第1次

ISBN 978-7-5001-5977-3　　　　　　　定价：32.80元

版权所有　侵权必究
中 译 出 版 社

从不张扬、保持克己、总是替他人着想的赫本,将她的爱、她的美丽以及她祈祷和平的心愿,永远留在了人们的心中。时至今日,被喻为天使的赫本,从未被人们遗忘。

写在前面的话

即便很多人听说过奥黛丽·赫本这个名字，但对大家而言，她也只是一个已经去世的女演员而已。而对于你们祖父母那一代人来说，她是一位具有传奇色彩、令人难以忘记的女明星。

奥黛丽·赫本的成名作《罗马假日》已经成为电影史上的经典，全世界的影迷通过这部影片认识了她。那是还没有DVD及流媒体的年代，影迷们只能反复去电影院才能多次欣赏这部影片，赫本一下子成了炙手可热的明星。女人们纷纷效仿赫本式的时尚造型，这种风格很快流行起来。

奥黛丽·赫本最活跃的时期是20世纪的五六十年代，但至今仍然可以在杂志及电视上看到关于她的专题及各种照片展等。不仅在银幕上，在现实生活中她也是美的代表，是为数不多作为时尚先锋一直被人们崇拜追捧的女星之一。

赫本的出现，彻底打破了人们对于美的传统认知。当时代表女性之美的是像伊丽莎白·泰勒和玛丽莲·梦露这样迷人性感的好莱坞女星，赫本则与她们截然相反。赫本有着少女一样纤细消瘦的身材、令人印象深刻的大眼睛和浓眉毛，因此人们常常把赫本比喻成"天使"。

她的美简单而纯粹，不是那种用珠宝堆砌出来的时尚。即便不再年轻，她也没有像现在的娱乐艺人那样美容整形。她的自然之美给人们留下了深刻印象。

现如今，身材苗条、面容可爱的女演员有很多，如果说拥有个性及独特魅力是成为明星的必要条件之一，奥黛丽·赫本可以说是倡导这一理念的先驱。

但据说,赫本本人并不认为自己漂亮。不仅如此,年少时她还曾对自己的容貌感到自卑。和大家一样,未成年之前是她对自己的外貌最为烦恼和敏感的时期。

出道后凭借着处女作一举成为巨星的赫本,即便进入了光鲜亮丽的时尚圈,还是保留着一种与众不同的魅力。无论谁见到赫本,都会喜欢上她。相较于社交应酬,赫本更喜欢大自然中的动物和植物,更愿意过平凡的生活。

赫本希望自己能够成为更好的女演员,但她从不与别人争名逐利。她也从未主动推销过自己,她是名利圈中光明磊落、心胸坦荡的女明星。

为了家庭,38岁的赫本选择在事业巅峰之时淡出银幕。对于许多处于明星光环之下的人来说,抛弃名利是非常困难的,但赫本完全从银幕上消失了。这也说明，明星这个光环对于赫本来说只是她人生中的一个称号而已。

换句话说，她就像一个性格内向、学习优秀的女学生。但单纯的"乖孩子"是不可能在离世20多年后仍被大家追捧。奥黛丽·赫本的成功绝不是仅靠外表的美丽，而是凭借她吸引人的个人魅力。那么这样的个人魅力是怎样形成的呢？

接下来就让我们一起揭晓答案吧。

目　录

第一章　孤独的少女时代　　1

第二章　芭蕾的希望和战争的阴影　　17

第三章　进入娱乐圈　　45

第四章　电影界和时尚界的缪斯　　77

第五章　真正的幸福与祈祷和平　　109

年　表　　129

参考文献　　133

思考题　　139

第一章

孤独的少女时代

生于贵族之家

"她是欧洲历史最悠久的王室的公主。"

大家认为银幕上的奥黛丽·赫本就是这样的人。

"她宛如真正的公主。"

她举手投足间让人感受到一种神秘高贵的优雅气质。这位拥有欧洲王室风范的女子，就是奥黛丽·赫本。她来自英国，却并非纯粹的英国人。她出身名门，与荷兰贵族的渊源颇深。她的祖辈可追溯到12世纪，荷兰的美术馆中就有赫本祖辈的肖像画。因此，赫本优雅迷人的气质绝不是仅靠演技表演出来的。

赫本的母亲名字叫埃拉，是荷兰贵族范·海姆斯特拉家族的后裔，享有女男爵的头衔。

埃拉生长在条件优渥的贵族家庭，性格却与那些乖巧淑女略有不同。她情感丰富，憧憬浪漫的爱情，对歌剧和戏剧非常着迷。但在20世纪初，出身贵族家庭的女子是禁止工作的，更不用说站在舞台上表演了。埃拉的父亲阿尔瑙特·范·海姆斯特拉男爵警告她："不能与演员或舞者交往，举止要符合贵族女子的身份。"

因此，埃拉放弃了从事舞台表演的想法，选择了贵族女子循规蹈矩的结婚之路。但她暗下决心，如果将来自己的孩子有表演才华，一定会不遗余力地支持她。

埃拉的第一段婚姻始于1920年。她的丈夫亨德里克·古斯塔夫·阿道夫·夸勒斯·范·于福德，曾是荷兰女王的侍从副官，后在荷属东印度（现在的印度尼西亚）的一家石油公司担任法人代表。埃拉在荷属东印度先后生下了长子阿尔瑙特和次子伊恩。

虽然生下了两个儿子，但夫妻间的关系并不和睦。埃拉在与丈夫冷战时，遇到了一位名叫约瑟夫·维克托·安东尼·赫本-拉斯顿的男人，并与他坠入爱河。

埃拉并没有尝试修复与丈夫的关系。尽管不被理解，她仍下定决心与丈夫解除了婚姻。

埃拉带着两个儿子暂时回到父亲家，一年后返回荷属东印度，与拉斯顿重逢并结婚。彼时，拉斯顿也刚刚离婚不久。

拉斯顿生于爱尔兰，身材颀长且气质儒雅，但内心像谜一样不容易被看透。据传，拉斯顿是个银行家，曾就读于剑桥大学并在英国军队服过役，但这些传闻的真实性遭到质疑。与埃拉结婚后，他经常更换工作，先后在金属交易所、金融公司就职，过着居无定所的生活。

1929年5月，埃拉在比利时布鲁塞尔生下了一个女婴，起名为奥黛丽·凯瑟琳·赫本-拉斯顿。埃拉和拉斯顿在法律上都是英国国籍，所以赫本也被认定为英国国籍。赫本在成年后否认了自己的父亲拉斯顿是个银行家的说法。

"都说父亲是个银行家，但我从未见他在银行工作过，他可能是一个无法坚持做一种工作的人。"

赫本在出生后第三周得了百日咳，病情一度恶化到小小的心脏停止了跳动。埃拉是个虔诚的基督徒，认为信仰能够治疗疾病。她并没有惊慌失措，也没有请医生，而是对着赫本的屁股啪啪地拍打起来，直到赫本的心脏恢复跳动苏醒过来。赫本后来说："如果我写自传，我肯定会用这句话开篇：我生于1929年5月4日，死于3个星期之后。"

尽管出生后不久便命悬一线，但赫本这颗幸运的"未来之星"还是重新返回到了这个世界。

大自然和书籍是朋友

赫本孩提时代随父母四处"漂泊"，来往于英国、比利时、荷兰。赫本最喜欢和同母异父的两个哥哥一起住在位于荷兰东部城市阿纳姆的外祖父家。当时他们住在泽彭达尔庄园（Huis Zypendaal），在小赫本看来，那里就是一座"城堡"，拥有马厩、风车和美丽的庭院。

平时胆小文静的赫本，只有在泽彭达尔庄园生活时才会展现出惊人的调皮。

她喜欢和两个哥哥一起骑马，打水仗，骑脚踏车。最开心的是爬树，赫本会越爬越高，爬到两个哥哥都够不到的地方。庄园内的每个地方都能成为她游戏的场所：在小河边欣赏盛开的野花，在茂密树叶间的鸟窝里寻找鸟蛋，在森林里采蘑菇。小狗、小猫和小鸟都是赫本特别喜欢的动物。比起玩具娃娃，赫本更喜欢大自然中的各种生物。她会给动物们喂食，和它们交流。泽彭达尔庄园里每天都能听到孩子们热闹的嬉戏声。

然而，她的童年生活并非总是无忧无虑，更多时候，她的生活非常封闭，周围只有乳母和家庭教师以及威严的母亲。埃拉常常教训赫本：

"要守时！

"要考虑周围的人而非自己！

"站要站直，坐着时也要把背部挺直！"

如果让母亲看到自己爬树，赫本就会受到严厉呵斥："贵族家的女孩子怎么能干这种事!"

提到母亲时,赫本曾说:"她是个非常了不起的人,内心充满了爱,只是缺乏表达爱的能力。有时,我只能从婶婶、乳母或女管家那里寻求温暖。"

让幼小的赫本感到困扰的不仅是没有宠爱她的人,父母之间无休止的争吵也在她的心里留下了阴影。争吵的主要原因是埃拉娘家的家族财产管理问题,吵架也逐渐演变成严重的纷争。家里的气氛变得越来越压抑,赫本也常被卷入争吵。

读书成了赫本的心灵慰藉。有一天,她被哥哥阿尔瑙特专心阅读的一本书吸引了。

"你在看什么呢,哥哥?"

"鲁德亚德·吉卜林的书。"

"我也想看!"

吉卜林是当时英国最具人气的小说家之一,

创作了很多以英国统治下的印度为背景的儿童文学作品。他的代表作《丛林之书》后来被迪士尼拍成了动画电影。生动的故事情节深深地吸引了赫本。她开始如饥似渴地阅读吉卜林的其他作品。

13岁时,赫本已经读完了埃德加·华莱士(经典电影《金刚》的最初剧本便出自他之手)和爱德华·菲利普斯·奥本海姆的悬疑作品。

由于父母的紧张关系没有得到改善,性格内向的赫本变得更加封闭。在泽彭达尔庄园,只要父母开始争吵,她就马上跑到院子里并堵上耳朵;如果无法及时跑到院子里,她会钻到桌子底下并堵上耳朵。她不站在父母的任何一边,只是小心地保护着自己,不让自己卷入父母的矛盾中。

久而久之,赫本有了下意识啃指甲的毛病,而且有时会吃掉大量的巧克力和面包,脸颊也因此变得圆润。

父亲的失踪

"再这样下去,这孩子该变得自闭和敏感了。"

赫本6岁的时候,埃拉担心赫本的性格发生变化,于是把她送到了英国的寄宿学校。

离开家的赫本陷入了恐慌。一直以来,赫本只有乳母和家庭教师陪伴,没有同龄的朋友,玩伴也只有她的两个哥哥。突然到来的集体生活让她不知所措。

赫本根本不会英国女学生们擅长的曲棍球,也不习惯早上用冷水洗澡或在空地上游戏。同学们对赫本内向的性格、肥胖的身材以及不地道的英语发音也大加嘲笑。

"我想见妈妈……"

看着女儿遭受到沉重打击,埃拉并没有心软。为了让赫本尽快熟悉英国环境并融入当地生活,放假的时候,她把赫本送到了英国煤矿工人的家里。在那里,赫本接触到了自然,并通过与英国普通家庭的交流以及与宠物狗泰利亚的游戏渐渐适应了英国的生活,还掌握了正确的英语表达。

1935年,拉斯顿突然抛下妻子和女儿,不知去向。

赫本虽然苦恼于父母的长期不合,但作为女儿,她还是深爱着自己的父亲。她以往虽然不定期才能见到父亲,但也能感受到来自父亲的疼爱。再也见不到父亲的现实沉重打击了赫本。

"这是我人生中最受刺激的事情。"

赫本后来这样回忆那段往事。

"我非常尊重我的父亲,在他失踪后,我特

别想再见到他。"

埃拉也大受打击,一夜间白了许多头发,整天以泪洗面。

"唉,我该怎么办呀?"

埃拉无助地趴在床上哭,甚至出门买东西时都无法止住眼泪。

赫本第一次看到平日里坚强而威严的妈妈如此伤心。每当看到母亲悲切的样子,赫本都感到害怕和不安,担忧着"我以后该怎么办"。特别是看到其他孩子与父母在一起时,她的心就像被碾压一样难受。

"那些孩子都有爸爸,而我永远都无法知道爸爸离家出走的原因。"边想着这些边哭着跑回家,这样的情形赫本经历过很多次。她的内心充满了一种难以言表的无助。父亲离家后,赫本变得暴饮暴食,时而一动不动地坐在房间里盯着一个角落发呆,时而又没来由地突然情绪激动起来。

之后，拉斯顿和埃拉在赫本不知情的情况下，于1937年正式达成离婚协议。埃拉获得了赫本的抚养权，拉斯顿提出拥有探望赫本的权利，但埃拉不同意。"妈妈，求求您了，我想和爸爸见面。"赫本恳求母亲答应，埃拉最终妥协了，但赫本和父亲在很长时间内并没有见面，拉斯顿也没有主动探望过赫本。

与芭蕾相遇

尽管赫本心中有巨大的创伤，但这并不妨碍她成为学校里的优等生并交到很多朋友。

"上午学习，下午和朋友们一起玩，或者开开演奏会，演演戏剧。有时也可以到街上逛逛，所以不觉得无聊。"赫本在给母亲埃拉的信中写着。那个时候,赫本遇到了生命中另一件重要的事情。寄宿学校所在的肯特郡每周都有来自伦敦的芭蕾舞演员给孩子们上课。赫本第一次看到那些芭蕾舞者轻盈的舞姿,就立刻被深深地吸引了。

"哇,好棒呀!"

从那以后,每周一次的芭蕾课成了赫本生活中的重要内容。

"你的姿态很好,如果多加练习,说不定能成为优秀的芭蕾舞演员。"芭蕾老师对赫本说。赫本听后更加努力练习,俄罗斯芭蕾舞蹈家安妮·巴甫洛娃和美国现代舞创始人伊莎多拉·邓肯都是赫本崇拜的偶像。性格内向、总是讨别人欢心的赫本只有在跳舞时才能忘记寂寞和哀愁,感受身体舞动起来时的那份快乐。埃拉很快发现了芭蕾课给女儿性格带来的变化,同时也愧疚于家庭给女儿造成的不良影响,所以特别理解和支持赫本对芭蕾的热爱,并全力资助赫本学习芭蕾。

有一天,埃拉去学校接赫本。

"我想和您谈谈。"

舞蹈老师叫住了埃拉。

"是关于赫本的事情。她很有芭蕾天赋,为了让她的天赋得以发展,请您务必带她去伦敦学舞。"

赫本站在门外,听到了老师和母亲的对话,内心蠢蠢欲动:"或许我真的可以成为芭蕾舞演员。"

但埃拉回答道:

"抱歉,我打算带这个孩子回荷兰。"

其实埃拉并没有打算阻止赫本学习芭蕾,只是战争马上就要开始了。

1939 年,纳粹德国入侵波兰,随即英国对德国宣战。听到这个消息,埃拉马上行动起来,告诉赫本要一起回荷兰。埃拉觉得,荷兰作为中立国,比英国更安全。埃拉见过希特勒,相信德国会尊重荷兰作为中立国的立场。而如果继续留在英国,一旦英国和欧洲各国的来往受到限制,她将不得不和女儿分开。

埃拉托人安排赫本从肯特郡出发前往荷兰。此时的埃拉并不知道之后的日子会因为这个选择经历什么样的苦难。

就这样,赫本坐着鲜艳的橙色飞机离开了英国。这架超低空飞行的飞机,是战前离开英国的最后一趟航班。

第二章

芭蕾的希望和战争的阴影

对芭蕾的热爱

赫本和埃拉回到了荷兰的阿纳姆,与阿尔瑙特和伊恩相聚。泽彭达尔庄园还住着埃拉的父亲和姐姐,于是埃拉带着孩子们搬进了附近的公寓,赫本也进入阿纳姆的一所公立学校上学。

"记住孩子,在外面千万不能说英语。"

埃拉这样嘱咐赫本。英国现在是德国的敌对国,而阿纳姆距离德国边境很近。埃拉觉得如果说一口流利的英语一定会很危险。

等待赫本的又是没有朋友和玩伴的孤独的学校生活。赫本认为自己是地地道道的英国人,她已经不会说荷兰语了。刚上学时，赫本坐在小板凳上，不知道该做些什么。教室里大家说的话自己几乎听不懂；自己说话，只会引来周围同学的哄笑。那段日子里，赫本总是哭着回家。这样持续了一段时间，赫本最终下定了决心：

"如果我不早点学会荷兰语，做什么都将无济于事。"

赫本开始拼命学习并通过自己的努力在很短时间内掌握了荷兰语。

与此同时，赫本开始在阿纳姆音乐及舞蹈学校上芭蕾课。老师维尼亚·马洛娃是一位退役的芭蕾舞女演员。

刚刚小学毕业的赫本，身材修长瘦高，比任何人都热衷于芭蕾练习，为了芭蕾可以付出一切。

马洛娃老师很快就发现了赫本的芭蕾天分。无论教她什么动作，她都能很快掌握。因此，马洛娃老师也很愿意给赫本上课。

后来发生的一件事，让赫本明确了自己要成为一个芭蕾舞演员的梦想。1940年，英国著名的萨德勒威尔斯芭蕾舞团来阿纳姆演出。这个舞团有位著名的芭蕾舞演员玛戈·芳廷，她拥有高超的技巧和敏锐的乐感，是舞团里的首席女演员。

这天，埃拉很兴奋地告诉赫本："奥黛丽，你可以去看玛戈·芳廷的表演啦！"

赫本小时候在比利时布鲁塞尔看过几次芭蕾演出，但没想到现在能在阿纳姆看到闻名于世的芭蕾舞者的表演。

"太好了！可以看到玛戈·芳廷的现场表演，简直就像做梦一样！"

"还有惊喜要告诉你，到时要由你来给芭蕾舞团的舞者们献花，我们得抓紧时间做一件新裙子。"

"啊，真的像做梦一样。谢谢你，妈妈！"

埃拉向设计师定做了薄绢丝的长款礼服裙。这件可爱的礼服裙的小圆领上装饰着蝴蝶结，胸前点缀着一个小纽扣。赫本第一次穿这种长款的礼服裙，走路时，裙摆接触地板，发出悦耳的沙沙声。赫本穿着这件衣服开心地去剧场观看表演。

感人至深的故事情节、芭蕾舞演员的精湛技艺以及华丽的舞台布置，深深吸引了在场观众。演出结束后，埃拉作为舞团访问行程的助理首先发表了感谢致辞。随后，赫本也被请上舞台。她手捧郁金香，面前站着一排身着华丽演出服的舞者，正中央就是美丽的玛戈·芳廷。赫本将花束献给了舞团负责人并收获了感谢辞。

这次令人激动的体验，让赫本更加热爱芭蕾。

看着镜子里的自己，她感到肩膀和脖子还有些赘肉。

"为了今后能更好地学习芭蕾,我必须再瘦一点。"

此后,赫本收起了最喜欢的巧克力。由于脚踝太过纤细,腿部力量不够,她在芭蕾课上更加勤奋地练习,增加腿部力量。不久,她终于可以穿上足尖鞋,挺立着足尖跳起舞来。赫本的身体变得更加修长和灵活,并且掌握了更多的芭蕾舞技巧。一旦下定决心,就绝不轻言放弃。后来赫本作为成功的女演员所需的坚强内心,也许就是在学习芭蕾的过程中养成的。

赫本第一次站在演出舞台上时,台下的观众都被她的光彩和魅力折服。玫瑰色的脸颊、浓密的栗色头发、大大的眼睛、迷人的笑容,舞台上的赫本犹如盛开的花朵令人心情愉悦。这一点对于从事舞台表演的舞蹈演员来说至关重要。

评论家们赞不绝口:

"我们没必要逐个列举赫本以外的名字。只有赫本凭借独特的个性和高超的演技受到了大家的瞩目。"

"得到维尼亚·马洛娃的指导，赫本的天赋才得以施展。"

"赫本拥有美丽的容颜和优雅的姿态，今晚让我们看到了最高水平的演出。"

那个时期的赫本，深信自己将来一定会成为一名专业的芭蕾舞演员。

战争的阴影

战争的阴云很快笼罩了荷兰。1940年5月，德国占领了荷兰。荷兰成了纳粹德国的领土，各个城镇弥漫着一种不祥的气氛。人们都躲在家里，因为德国军队警告大家要拉上百叶窗，不允许从窗户向外看。死一般安静的街道上只有身着灰色军装、手持武器、迈着整齐步伐走来走去的德国士兵。赫本偷偷从窗户缝往外看，才知道原来阿纳姆已经完全被德军占领了。

"谁都没有反抗，也没有斗争，就这样被占领了，简直难以想象！"

赫本在吃惊的同时，心中也感到了一丝不安。

德军没收了范·海姆斯特拉家族的全部财产，包括土地、房屋、银行存款、股票、宝石甚至泽彭达尔庄园。同母异父的两个哥哥也离开了家。在荷兰军队服役的大哥阿尔瑙特加入了地下反法西斯组织，继续抵抗德国的侵略；二哥伊恩因拒绝加入"希特勒青年团"而被送往德国的强制劳动集中营。

荷兰人遭受了突如其来的不幸，当时还有很多犹太人生活在荷兰，这些犹太人遭到了更为严重的迫害。先是教师、医生及公务员队伍中的犹太人被解雇，接着犹太人被禁止出入剧场、公园和酒店等场所，德军见到犹太人就随意抓捕，将他们送到集中营。

11岁的赫本和母亲一起去车站时，亲眼看到很多带着孩子或婴儿的犹太家庭被塞进运送牲畜的货车及火车车厢中。

"男的站这边，女的站那边。"站台上的德国士兵将每个犹太人家庭强行分开，装进不同的列车车厢；孩子们也被迫和父母分开，装进另外的车厢。透过货车木质护栏的缝隙，无数双犹太人的眼睛不安地向外张望。

赫本像被施了魔法，站在那里紧紧抓住埃拉的手。这些犹太人会被带到哪儿？他们又将遭受什么命运？这对年仅11岁的赫本来说是无法想象的。赫本一直清楚地记得那些场景，那是她一生都无法忘却的噩梦。

德军迫害犹太人的恐怖事件不断发生。有时，德军会暂时封锁道路，让被抓捕的几个犹太青年面向墙壁站成一排，残忍地射杀他们，然后解除道路封锁，就像什么事都没有发生过。赫本曾亲眼见过那样的场景。

后来，范·海姆斯特拉家族的成员也遭受了同样的命运。埃拉的大姐夫，即赫本的大姨父，因被德军认定参与了抵抗纳粹德国的运动而被处以死刑。这样做大概是为了警示人们，即便是有声望的贵族也会因反纳粹而被处以极刑，从而削弱抵抗运动。

"可怜的大姨父被杀害了，那个时代太可怕了！"在赫本的心目中，大姨父是一位特别亲切的长辈。

"二战"结束后，看过《安妮日记》的赫本曾说过这样的话：

"安妮和我同一年出生，住在同一个国家，

经历了同一场战争。只有一点不同,安妮必须藏匿在家中,而我可以到外面去。读这本书时,就像是从安妮的视角重读自己的经历。安妮的文字真实地描述了当时的情况。"

赫本在读这本书时,感受到内心被撕裂一般痛楚。热爱生活、试图克服一切困难活下去的安妮让她产生了共鸣。她甚至都能够背诵出书中的有些段落。书中有这样一段话:

> 几乎每个清晨我都会来到阁楼,呼吸新鲜空气。我从地板上我最喜欢的位置仰望蓝色的天空和光秃秃的栗树(在那些树枝上,小雨滴闪闪发亮,好似银珠),还有乘风翱翔的海鸥和其他鸟儿。……"只要这一切继续存在,"我心想,"而我可以活着看着它们,这些阳光,这些万里无云的天空;只要这能够继续,我就无法不快乐。"

抵抗运动

德军日益升级的暴行进一步加深了荷兰民众对他们的憎恨。赫本的哥哥阿尔瑙特毅然投身到反法西斯运动中,就连当初支持纳粹的埃拉也成为秘密参与抵抗运动的市民之一。

"把这张报纸藏在鞋里,交给咖啡馆的那位先生。遇到德国兵千万不要紧张,和往常一样就可以了。"

"明白了,妈妈。我把报纸交给他就行,对吧?"

那是一张写有地下组织信息的报纸。如果被德国兵发现,后果不堪设想。

赫本穿了双稍大一些的木鞋,把报纸藏在袜子里,骑着自行车前往咖啡馆。途中看到德国兵时,她也会心里一惊,但还是装作很自然的样子进入咖啡馆,顺利完成了消息传递的任务。

即便在战争时期,赫本也没有放弃芭蕾,而且她的芭蕾才能在反法西斯运动中也起到了很大作用。

那时德军在阿纳姆实行灯火管制,限制一般家庭照明和公共照明设施的使用,宣称是为了防止上述地方成为夜间空袭的目标。人们便开始借着黑暗进行戏剧或舞蹈演出,以便为地下抵抗组织筹集资金。赫本在灯火管制的演出中担任着重要角色。她拜托会弹钢琴的朋友帮忙伴奏,让妈妈埃拉用旧窗帘缝制服装,为演出作准备。

夜深人静时,人们便聚集到城中的医生家,将那里作为演出的会场。最后一个进来的人会把门锁上,门外则留一个人放哨,以防德国兵突然到来。

借着微弱的钢琴伴奏声,趁着昏暗的照明,

赫本认真地跳起自己编排的古典芭蕾舞。人们认真地看着赫本轻盈的舞姿,不发出一点动静。舞蹈表演结束后,也都默不作声,但从众人的表情中可以看出他们对赫本舞蹈的赞许。他们是赫本演出中最棒的观众。在安静的气氛中,人们将钱不断放入在会场内传递的帽子中。

赫本会把那顶帽子抱在怀里。这些钱将用于反法西斯运动,赫本也特别有成就感。

"其实有许多比我更勇敢的人,但是我觉得自己也应该并且可以去尽一份力。"

赫本的舞蹈演出不仅在医生家,有时也会在自己家里进行,所幸从未被德军发现。

与饥饿斗争

赫本已经 14 岁了。她还在继续学习芭蕾并已经成为维尼亚·马洛娃的得意门生。她甚至可以代替老师给孩子们上课了，她在芭蕾交流会上的表演也赢得了众人的赞赏。

赫本继续朝着芭蕾舞演员的梦想努力着，而此时战争愈演愈烈，粮食短缺问题让荷兰民众痛苦不堪。在荷兰被占领的第二年，普通民众就已经没有足够的粮食了。德军将荷兰民众的粮食全部收走，最初还发放少量的肉和鸡蛋，但在战争结束前的1944年，几乎什么食物都没有了，人们饱受着饥饿的折磨。

"妈妈，今天只有这些吃的吗？"

有一天，餐桌上只摆了一种叶菜——菊苣。经常吃的豌豆杂面包和像水一样的清汤也已经没有了。

"对不起，忍耐一下吧，奥黛丽。"妈妈充满歉意地对赫本说。

"没关系，能够有吃的东西就已经非常感谢

了。"赫本有时会怀念她最爱吃的巧克力,由于已经太久没吃了,她甚至连巧克力的味道都想不起来了。

晚上,她常常饿得无法入睡,即便睡着了,早上醒来也会有很强烈的空腹感。每当饥饿难耐时,她就会咕咚咕咚地大口喝水。有时在路上饿得头昏眼花,她就蹲在路边。

14岁的赫本个子长得很快,但瘦得皮包骨,眼睛显得更大了。看到爱徒脸色苍白的样子,马洛娃找埃拉谈了谈。

"赫本现在营养不良,还是先别让她跳芭蕾了吧。"

"我也是这样想的,我会试着说服她暂时不要跳舞。"

当埃拉劝说赫本暂时放弃跳舞时,遭到了赫本的强烈反对:"不要,失去了芭蕾,我就什么都没有了!"

赫本认为，正是因为有了芭蕾，自己才能忍受饥饿的痛苦。为什么不能够被理解呢？赫本觉得很不可思议。然而，埃拉并没有停止劝说。

"现在最要紧的是身体。如果再继续跳舞，你会因体力不支而倒下。奥黛丽，先暂停一段时间吧。"

埃拉最终用很严厉的语气命令赫本暂停练习。赫本只好沉默着点头表示同意。其实赫本心里也很清楚，自己已经没有体力继续跳芭蕾了。

战争结束前的最后一个冬天被称为荷兰的"饥饿之冬"。那个冬天，家里能吃的东西已经全吃光了。在经常摘野菜的原野上也已经无法找到任何可吃的东西了。

"明天什么吃的也没有了，所以躺在床上不要起来，尽可能节省体力。"

埃拉和赫本躺在床上，艰难地忍耐着，静

静地等待着时间一分一秒流逝。

就在那个晚上，一位地下抵抗组织成员送来了一个大袋子。那个人什么都没说，放下袋子就走了。埃拉和赫本打开袋子，看到里面装着面粉、果酱、燕麦片和黄油罐头。

"啊，真不知道该说什么好，真的是太感谢了！"

在走投无路、无法活下去的时候，突然有人伸出了援助之手。这种感激的心情让赫本一直难以忘怀，她对母亲埃拉平时常说的那句话有了更深刻的理解：

"要多替别人考虑，而不是只顾自己。"

新的希望

1944年，靠近德国边境的荷兰小城阿纳姆被战火包围。不断向德国方向推进的盟军与负隅顽抗的德军在那里展开了激战。保留着中世纪建筑的美丽城镇、横跨在莱茵河上的古桥以及壮丽的教堂尖顶都在战火中被摧毁。负伤的盟军士兵与德军士兵在街道相遇,从阿纳姆逃出来的难民也成群结队地在街上行走——一切陷入混乱之中。

赫本从家中向外窥望,看到很多难民因伤病和饥饿倒下,街上穿梭着搬运尸体的人。路边还有正在生小孩的产妇。埃拉和赫本收留了数十个难民,却没有食物可以提供给他们,当时埃拉和赫本也没有任何可以吃的东西了。据说,当时的难民约有9万人,其中大约3000人再也没有站起来。

"太可怜了!"

这些令人难以置信的情景就发生在眼前,使赫本对于自由、健康、家人和生命的宝贵有了更深刻的体会。

为了躲避随时可能到来的空袭,埃拉和赫本已经在地下室度过了好几个星期。直至一天清晨,那段日子里一直持续不断的枪声和爆炸声突然消失了,周围一片寂静。

仔细听,又好像有说话声和歌声,空气中还飘来一丝英国香烟的味道。赫本小心翼翼地打开家门,看到附近围着很多士兵。

"是英国人!"赫本吃惊地大声喊道。一个士兵走上前来,很有礼貌地对她说:"有情报说这幢房子里装有德军的无线电天线,我们来将它拆除,抱歉打扰你们了!"

"当然没问题,随时欢迎你们来!"

"你是英国人?"

"是的,我是英国人。"

士兵们听到赫本这样回答后,一起欢呼起来:"我们解救了英国的女孩!"

战争终于结束了。

1945年5月5日，荷兰终于结束了德军5年的占领。这恰好是在赫本15岁生日后的第一天。

赫本从英国士兵那里得到了7块巧克力。她一开始都不知道这是巧克力。

"你不喜欢巧克力吗？"

巧克力！自己手中的居然是只有在梦中才能见到的巧克力！赫本飞快地跑进厨房，哭着将巧克力吃进嘴里，随后又都吐了出来，因为长期挨饿的身体无法一下子承受那么多巧克力。

不久，联合国国际儿童紧急救援基金会（UNICEF）送来了粮食、毛毯、药品和衣服，面粉、黄油、燕麦堆得像小山一样。赫本在混着炼乳的麦片上撒上好多糖，吃了满满一大碗。由于虚弱的肠胃无法消化吸收，她又难受地吐了出来。

16 岁的赫本身高 168 厘米，体重仅有 41 千克。在荷兰被德军占领的 5 年里，长期饥饿的生活严重损害了赫本的身体健康。赫本先后患有哮喘、黄疸、贫血、肠胃炎、关节肿胀以及因营养缺乏导致的浮肿等疾病。另外，作为战争的后遗症，赫本一生都患有代谢功能方面的疾病。

即便这样，赫本看到之前只能在梦中才能见到的丰富的物资，感到了自由和安心。

"终于可以重新开始生活了。"

没多久，赫本的哥哥阿尔瑙特带着怀孕的妻子找到了埃拉和赫本。

"啊，哥哥，你平安无事就好了。"

又过了些日子，被德军关在集中营的二哥伊恩也回来了。赫本激动不已，哭着和哥哥抱在一起。

"感谢上帝！虽然房子和钱财都没有了，但

我们的家人都还活着。"

再见,我的芭蕾梦

"二战"结束后,赫本重拾当芭蕾舞演员的梦想。她的芭蕾老师维尼亚·马洛娃写了封推荐信给当时荷兰芭蕾舞界的第一人——索尼娅·加斯克尔。埃拉和赫本告别了已经长大独立的哥哥们,动身前往阿姆斯特丹。

加斯克尔致力于挖掘拥有芭蕾天赋的年轻人,不仅收了赫本做学生,还免除了她的学费。她对赫本进行了严格的指导并培养了赫本勤奋的精神。

"即便累了也不要抱怨、不要放弃,努力去做一定会成功,必须要发自内心去做。"

在学习芭蕾的 3 年中,赫本牢记着老师

的话。当时赫本在芭蕾学校的同学后来这样描述她：

"她一直坚持排练，非常努力。轻松、快乐、幽默，很有教养。从来没有傲慢的态度，从来没有与别人发生争执。她的表演具有张力，从她手脚的姿态和眼睛的神态中，就能看出她所具有的表演才华。"

当赫本成为加斯克尔最优秀的一名学生时，有一位即将回到英国的芭蕾舞演员多次劝说她：

"你不应该留在荷兰。回英国吧！英国有比这里更多的机会。"

之后，赫本说服了埃拉并获得了伦敦著名的兰伯特芭蕾学校的奖学金。埃拉被女儿的执着所感动，随赫本一起来到英国。

"就这样留在荷兰也不能成为芭蕾舞演员，我们必须向前看。"平时很内向的赫本，此时摆脱了内心的束缚，决定勇往直前。

到了伦敦，埃拉为了母女二人的生计马上开始工作。事实上，精力充沛的埃拉在阿姆斯特丹生活期间就曾为了赚取生活费从事过诸如花艺师、厨师、美容师以及销售室内装饰品、化妆品的推销员等工作。她坚信赫本将来一定会成功，所以为了女儿不惜付出一切。

玛丽·兰伯特是英国芭蕾舞领域的奠基者之一，培养出了很多芭蕾舞编导。收赫本为学生时，她已经60岁了，主要负责芭蕾舞的指导，是一位对学生既体贴又很严厉的老师。她经常手拿着木杖敲击教室的地板，或者敲打动作不标准的学生。赫本在这里开始了严格的训练。

然而，课程开始后，赫本越来越觉得自己处于劣势。

"我的芭蕾技巧根本无法和这些在战争中仍然坚持训练的同学们相比。她们有营养的食物，还可以在安全的地方躲避炮弹。"

同时，身高成了赫本最大的烦恼。她比搭档的男孩子还要高，这让她觉得很不好意思。现在的芭蕾舞者里有很多身高超过170厘米的女演员，但在当时，高个子的芭蕾舞女演员很难找到与其搭档的男舞者。

不仅仅是身高，还有体重的问题。经历过饥荒生活的赫本在战争结束、食物供应恢复正常后，胃口变得特别好。只要接触到食物，她就会马上放进嘴里吃掉。只要手里拿着勺子，她一会儿就能把一瓶果酱吃光。所以在短时间内，她的体重激增了约9千克。

"这样不行，我必须客观地看待自己，必须知道自己现在不应该做什么。"

赫本努力控制着自己的食欲，两个月后就恢复了羚羊一般苗条的身形。

赫本还试着将身高变成有利的条件，比如将快节奏的小舞动变成可利用颀长身材表现的慢节奏的成人舞姿。赫本努力尝试着所有的可能性,兰伯特老师内心却有另一种疑虑。兰伯特认为,虽然赫本很努力,但存在感太强使她没法融入众人。无论怎样,她都不适合参加群舞的演出。

20岁的赫本感觉到,无论是群舞还是独舞,都不适合自己。终于有一天,兰伯特用非常和蔼的语气向赫本明确表达了自己的看法:

"你是我最优秀的学生之一。你可以成为二号芭蕾女演员或者以芭蕾老师作为谋生的职业,但你无法成为首席芭蕾女演员。"

其实赫本也意识到了这一点,在兰伯特老师明确指出后,她开始动摇了。一直以来,无论多么孤独,无论战争时期遭受过什么样的苦难,因为有芭蕾的陪伴,赫本才能坚强地活下来。对于赫本来说,芭蕾就是她活着的希望。此时让她放弃芭蕾,是一件多么困难的事情啊。

"我的梦想怎么办？我那么热爱芭蕾，一直朝着成为芭蕾舞演员的目标而努力，到今天却发现这是一个错误。妈妈为了我来到这个陌生的地方工作，付出了那么多，这让我怎么和妈妈说呀！"

多少梦想成为艺术家或运动员的人，青春时光都在每日的训练中度过。没有和朋友游玩、约会的时间，把全部的热情都投入到自己的梦想中去。如果这个梦想突然消失了，生活会变得怎样？大概就像自己的未来被突然斩断了一样吧！你能想象梦想破灭的感觉吗？身在伦敦的赫本当时就是那样的感觉。

第三章

进入娱乐圈

挑战音乐剧

赫本没有时间一直沉浸在自怜自艾中。尽管埃拉一直在拼命工作,但经济问题仍然困扰着她们。想要生存下去,就必须赚取生活费,所以赫本开始试着寻找适合自己的工作。

赫本做过几次模特,现在她重拾起这个工作。大大的眼睛、整齐的眉毛,赫本精致的五官和充满灵气的模样引起了商业摄影师们的注意。从那时起,赫本开始热衷于阅读时尚杂志。她并非是为了打扮自己,而是为了研究什么样的色彩搭配和服装设计能够突出自己的优势。"肤色和粉色等中间色以及黑色和白色,能让我的眼睛和头发显得更黑;相反,亮色系会让我的脸色看起来发暗。"在服装搭配方面,赫本也有自己的想法:"因为不是圆润的体形,所以我不适合穿着带垫衬的、棱角突出的服装。另外,为配合身高,我应该尽量穿低跟鞋。"

对自己进行了客观的、彻底的审视,认清自己需要什么以及应该避免什么。不仅对于外表,她对自己的人生也作出了顺应本心的选择。

关于赫本的时尚品位,还有这样一则逸事:

"赫本只有1件衬衫、1件短衫、1双鞋和1顶贝雷帽,但她有14条围巾。你无法相信她每天如何变换创新。她会把小贝雷帽戴在脑袋后面,或者把它对折,让它看上去非常奇特。在着装打扮方面她十分有天赋。"

此外,赫本还参加了音乐剧的试镜。美国热门音乐剧《高跟纽扣鞋》将在伦敦公演并公开招聘演员。赫本想参加群舞演员(没有名字的角色)的试镜。但到了现场后,她大吃一惊。音乐剧计划只招收10名群舞演员,前来报名的却超过了1000人。试镜的舞蹈也是赫本闻所未闻的现代爵士舞。赫本努力地舞动着身体,却连最简单的动作都无法跟上,之前学习的芭蕾技巧没有起到任何帮助。

赫本失望地回到家,趴在床上哭了起来。

"怎么了,奥黛丽,你的试镜怎么样?"母亲问。

"肯定选不上。我跳得像根棍子,一定选不上的。"

"别担心,你一定会被选上的。"

埃拉信心十足地微笑着。

母亲的预言成真了。赫本接到了通知,她成功入选群舞演员名单。

"妈妈,我要去参加音乐剧的演出了。"

对于芭蕾梦想已经折翅的赫本来说,这个

小小的角色给她带来了新的希望。而且演出酬劳是每周 8 英镑 10 先令，相当于当时银行职员周薪的一倍多，这也暂时缓解了母女俩在经济上的窘困。

剧中，赫本饰演的角色只需与另一个女演员拉着手穿过舞台中央，台词也只有一句："大家都走了？"即便这样，赫本也紧张到每天晚上睡不着，一遍又一遍地练习这句台词。

观众席中有一名男子注意到了舞台上的赫本，他就是音乐剧《高跟纽扣鞋》的制作人塞西尔·朗多。

他被赫本大大的黑眼睛和她在舞台上飘动的头发吸引，直觉告诉他，"眼前这个可爱的舞者拥有无限的潜力"。

朗多向赫本发出邀请，希望她参加后续音乐剧《鞑靼酱》和《开胃酱》的演出，演出酬劳也在不断提高。赫本在参加这些演出的同时，还继续兼职做摄影模特并到演员培训班学习。虽然离开了芭蕾学校,但她仍然坚持上芭蕾课。

关注她的人

虽然在过去很长一段时间里,赫本一直在学习芭蕾,但她并不知道该如何把自己所学的技巧运用到音乐剧的表演中。即便被选中参加演出,她在唱歌或跳舞时也很不自信。但与赫本自己的感觉相反,她正逐渐被周围越来越多的人关注。

无忧无虑的灿烂笑容、轻盈的身姿,还有她小鹿般优雅、充满活力的体态——尽管所饰演的都是些无关紧要的角色,赫本散发的魅力还是吸引了很多人。

其中就有一位名叫安东尼·比彻姆的时尚

摄影师，他曾为葛丽泰·嘉宝、费雯·丽等众多著名女影星拍摄过时尚照片。在观看音乐剧《鞑靼酱》时，看到眼前这位高个子、拥有黑色大眼睛的女演员，他立刻被深深触动了。

当他近距离接触赫本时，发现她身上同时融合了纯真和神秘、年轻和深邃、宁静和活泼的特质时，他更加确定赫本的前途不可限量。

演出结束后，安东尼到后台拜访了赫本。

"请问您是？"

面对陌生的男性，赫本警惕地问道。

"我叫安东尼·比彻姆，时尚平面摄影师。请一定让我给你拍几张照片。"

当时比彻姆正在筹划挖掘新面孔的拍摄工作。参加这个拍摄是需要收费的，所以当比彻姆向赫本建议参加拍摄时，赫本回答说："非常开心能收到您的邀请，但我在经济上有些困难，可能无法缴纳拍摄费。"

"不需要交钱,我是为了我自己的荣誉才特别想为你拍照的。"看着赫本充满灵气的黑色大眼睛,比彻姆不假思索地说出了自己的想法。他真的觉得自己无论如何都要为赫本拍照。赫本接受了比彻姆热情的邀请,答应做比彻姆的摄影模特。不久,比彻姆拍摄的照片刊登在了英国版 *Vogue* 杂志上。赫本明亮的眼睛睁得大大的,她可爱的表情深受人们的喜爱;其他杂志也相继向她发出邀请,希望也能刊登赫本的照片。这样一来,赫本迅速为英国时尚杂志的读者们所熟悉。

英国演艺界的行业杂志《演艺画报》也开始关注赫本。他们评价赫本是"具有独特风格的、能够打动人心的年轻女性",并对她的演技和照片给予了肯定和称赞。

著名演员理查德·阿滕伯勒(他后来演而优则导,执导了《甘地》《歌舞线上》等影片)也十分欣赏赫本。

他当时就提出:"赫本必将成为优秀电影作品的主演,这一点是毋庸置疑的。"

此外,也有人开始关注赫本的私生活,包括音乐剧《开胃酱》的表演者之一、法国歌手马塞尔·勒邦。在演出伊始,勒邦就对赫本怀有好感,时常给赫本写情诗或送她小花束。演出接近尾声时,在赫本21岁生日当天,他送给她一捧巨大的花束。

对于赫本来说,那是她第一次正式交往的男朋友。与其说是令人激动的恋爱,不如说是男人对女人的细心和照顾让赫本有了与以往不同的感觉。两人的关系十分亲密,也度过了一段愉快的时光,但恋情很快就结束了。演出制作人塞西尔·朗多以及赫本的母亲埃拉都不看好两人的恋情,这让勒邦离开了赫本。

参加音乐剧的表演,对赫本来说犹如打开

了新世界的大门,也促成了她与光影世界的邂逅。一次,英国联合影片公司(ABPC)的选角部门主管来看赫本的表演,邀请她出演电影。当时,面对美国好莱坞电影的"入侵",英国电影正在奋力反击。对于赫本来说,这是她第一次真正参与电影的拍摄,所以无论多么不起眼的角色,"一定请让我来演"。赫本就这样进入了电影界。

在喜剧电影《天堂里的笑声》中,赫本饰演了一个身穿黑色连衣短裙、系着白色围裙的卖烟女孩,只有一句台词:"你好先生,要香烟吗?"

紧接着在《野燕麦》中,她饰演酒店前台,台词也只有一句:"早上好,这里是利金希酒店。"

在第三部电影《少妇逸事》中,她出演一名打字员。在第四部电影《拉凡德山的暴徒》中,她饰演了一名时尚交际女郎,一个在机场的乘客休息室与男主角进行简短对话的小龙套角色。

后来赫本回忆说:"出演电影配角多多少少都可以赚到些钱,这让我非常开心;我之所以进入电影这个行业,一开始并非因为演电影是个很棒的事业,而是为了生活,因为我需要钱。"由于赫本经历过饥荒和贫穷以及战争带来的苦难,所以她对人生的理解更加具有现实性,并把生活的现实牢牢记在心中。在《双姝艳》这部电影中,赫本第一次出演比较重要的角色,饰演女主角的妹妹,并且这个角色还是一名芭蕾舞者。

"这一次并不是为了钱,我是真心想出演这部电影。"

这个角色与赫本的经历有相似之处。一个初春的夜晚,在户外场景的拍摄中,身穿紧身裤和芭蕾舞短裙的赫本不顾严寒,一遍遍拍摄跳芭蕾舞的场景。这部电影上映后虽没有取得成功,但一份电影杂志这样评价赫本:"赫本所演绎的美妙的芭蕾舞镜头,融合了她的美貌和才华。"

新的恋人

与马塞尔·勒邦分手后,赫本从内心渴望一位能与她真心交往的伴侣。恰巧在这个时候,在电影《拉凡德山的暴徒》杀青前后,赫本和一位名叫詹姆斯·汉森的男士相遇了。这位出身名门的社交名人是英国北约克郡人,经营货车运输公司,还是一名艺术家、快艇运动员,并且是英国十分流行的猎狐运动的行家。

两人在伦敦一家名店开业的鸡尾酒会上相识并一见钟情。汉森丝毫不掩饰自己对赫本的好感,第二天就约她共进午餐。当他得知赫本没有男朋友时,十分庆幸自己的好运。汉森这样问赫本："你的眼睛是从谁那里遗传的？"

"我中奖得的，这是其中的一部分。"

"真想买满满的一大箱，让所有人都能拥有像你一样的眼睛，用来换掉我每天看到的鼹鼠似的眼睛。"

赫本的心脏剧烈地跳动着，她明白自己恋爱了。两人迅速交往并在几个月后订了婚。当时，赫本21岁，汉森28岁。

事业有成的汉森一边工作，一边享受着生活。赫本被他稳重的性格和散发着男性魅力的气质征服，汉森则彻底为赫本的活力、聪明、坚强性格以及耀眼的美丽所倾倒。

得知两人订婚的消息时，埃拉这样说：

"只有像詹姆斯·汉森这样的实业家才真正适合从事演艺事业的人。我不喜欢那些不能给人带来安全感的艺人，还是脚踏实地的男人更适合赫本。"

"妈妈,詹姆斯和我是这样商量的。我每年拍摄一部电影,只要自己喜欢,随时都可以参加舞台剧的表演。他答应我可以按照我现在的节奏工作。"

汉森对未来的岳母也非常关心,努力与埃拉保持着良好关系。

但一个偶然的工作机会打断了两人的亲密关系。当时英国联合影片公司正在为即将在摩纳哥蒙特卡洛开拍的一部电影寻找一位既会说英语又会说法语的女演员,饰演一位寻找下落不明的女婴的电影明星。

与赫本之前出演的电影《双姝艳》里的角色不同,这次确实是个很小的角色。但即便这样,由于电影的拍摄地是自己一直想去的地中海沿岸,而且电影中身着的服装是由克里斯汀·迪奥提供的,再加上之前计划出演的电影拍摄延期等多种原因,赫本决定接受这个角色的演出邀请。在动身前往蒙特卡洛的前一晚，赫本对朋友这样说：

"我人生中出现的那些好事情都是在意想不到的时候发生的，就像明天我要去蒙特卡洛了。"

此时的赫本并不知道在蒙特卡洛会发生什么事情，她以为这不过是和未婚夫汉森的短暂离别而已。

寻找未来之星

次日，赫本来到了地中海沿岸的蒙特卡洛并入住当地最豪华的巴黎酒店。赫本出镜的时间加起来只有12分钟，开始是用法语，然后是用英语表演相同的内容。拍摄工作在酒店大堂进行。

突然，一位梳着红色卷发、坐在轮椅上的

老妇人执意要穿过拍摄现场。拍摄器材的电线缠住了轮椅,拍摄被打断了。

导演开始烦躁起来,但当他认出这位老妇人时,赶忙上前热情地与她打招呼,演员中也有几个人跑过去向这位老人问好。

然而,老妇人的视线,越过导演和其他上前寒暄的演员,紧紧盯着一位女子。这位女演员在拍摄中断的间歇,和旁边的工作人员欢快跳跃地说笑着。老妇人情不自禁地喊道:"快看,她就是我的琪琪!"

这是怎么回事呢?

原来,当时纽约百老汇正在筹备话剧《金粉世界》,话剧改编自法国作家柯莱特的一部中篇小说。

小说中的主人公名叫琪琪,是一个天真无邪的活泼少女。她的外婆及外婆的妹妹曾是上流社会的交际花,在两人的调教下,琪琪长大后成为一个十分有魅力的姑娘。作品讲述了琪琪与比她年长很多、从她年幼时就喜欢她的一个成年男性之间的感情纠葛以及琪琪少女时代的成长经历和恋爱故事。当时这部作品在刚刚结束"二战"的欧洲掀起了琪琪热潮并被拍成了电影。百老汇计划将这部作品改编成话剧，但他们一直找不到饰演女主角琪琪的合适人选。工作人员起先在演员协会提供的名单中挑选符合条件的美国女演员，却都不适合；之后在纽约也进行了将近200人的角色遴选，仍然没有收获。他们将招募主演的范围扩大到了欧洲各国。

即便这样，也久久未能找到契合琪琪那种意志顽强、精力充沛、天真无邪的形象的女演员。正在制作团队打算退而求其次，选用备选演员时，他们收到了柯莱特夫人从蒙特卡洛发来的电报。

"知道那位夫人是谁吗？"

在工作人员的提醒下,赫本转向正在和导演说话的老妇人并向她点头招呼。

"不知道。"

"是作家柯莱特夫人。"

赫本立刻紧张起来。她读过柯莱特夫人好几本书,特别喜欢她作品中描写复杂感情的精炼文笔。

"大作家柯莱特夫人在那里看我表演,我好紧张呀!"

当柯莱特夫人从工作人员那里得知赫本是英国的舞台剧和电影演员时,她心里立刻有了答案。

"我的琪琪就是这样的。我作品中的人物竟然在现实生活中真实存在,而且还突然出现在我面前,这太让我吃惊了。"

柯莱特夫人的丈夫向赫本解释了来龙去脉,并说作者本人想要见她。

"我们为了寻找合适的女演员，费尽周章，花了两年时间到处寻找。我的太太认为你能够胜任这个角色。"

听到这些，赫本以为自己是在做梦。当赫本与柯莱特夫人见面后，她的疑虑变成了不安。

"我已经给纽约发了电报，让他们停止寻找饰演琪琪的人。我告诉他们，我已经找到了。"说完，柯莱特笑了起来，她有着一头亮红色的卷发，嘴上涂着鲜艳的口红。赫本紧张得不知该如何回应，全身僵硬地站在那里。看到紧张的赫本，柯莱特这样问道：

"你是身体不舒服吗，还是不愿意出演琪琪这个角色？"

"柯莱特夫人，十分抱歉。恐怕我演不了这个角色。到目前为止，我演的不过是只有一两句台词的小角色，我没有演主角的才华。"赫本小心翼翼地答道。

"你曾经是芭蕾舞演员吧？你能够长时间忍受那么艰苦的训练，仅凭这一点，我就对你特别有信心。"

柯莱特夫人十分肯定地说。

虽然赫本的发声以及台词的衔接都很不专业，但她得到了柯莱特夫人的认可和大力支持，前期参加表演课程的培训，然后作为主角参加话剧《金粉世界》的演出。在外人看来，让一个刚刚涉足表演的无名小辈出演在百老汇上演的重要剧作的主角，这个决定着实草率。但工作人员都坚信：这个姑娘身上具有"某种特质"，那是靠演技无法弥补的。

好莱坞发现赫本

差不多就在赫本和柯莱特夫人相遇的同时，

好莱坞的派拉蒙影业公司也正在筹划一部新电影。选定的导演是威廉·惠勒，他之前因执导《呼啸山庄》获得巨大成功，后来执导了《宾虚》《蝴蝶春梦》等电影史上的经典之作。

新电影的名字叫《罗马假日》。在影片中，一位欧洲王室的公主在出访意大利时，避开保镖独自在外，和一个美国记者在罗马度过了快乐的一天。虽然互相萌生爱意，但彼此碍于身份上的巨大差距，最终两人还是依依惜别，各自回到原本的生活轨迹。

这部电影想要获得成功，关键是由谁来饰演公主这一角色。这位公主的扮演者要有公主般的优雅气质，但不能有美式英语的发音。女主角候选人里有伊丽莎白·泰勒和简·西蒙斯等著名女演员，但她们因为档期或合同等原因未能出演。这时，派拉蒙伦敦制作部的负责人向美国总公司寄出了这样一封信：

"我们找到了《罗马假日》一位新的女主角候选人,她名字叫奥黛丽·赫本。"

这位负责人曾看过赫本在电影《天堂里的笑声》中饰演的卖烟女孩,对她印象颇深。22岁,高高的个子,深棕色的头发,偏瘦且擅长芭蕾。声音爽朗且朝气蓬勃,没有奇怪的发音。相较而言,她的表演充满了欧洲的味道,且并非英国风格。

惠勒导演在了解赫本的详细情况后,马上向伦敦发电报邀请赫本试镜。惠勒不光要了解赫本的演技,还想了解她的真实性格,所以安排摄影师在试镜结束后继续对赫本进行拍摄。

赫本收到试镜邀请后有些迟疑。

"我没有听说过威廉·惠勒导演,而且马上要准备《金粉世界》的演出,光这个就已经很难了,如果再接这部电影的话……"

赫本虽然这样想,但发出邀请的是好莱坞

的影业巨头派拉蒙，那是刚出道的新人无法拒绝的。于是在1951年9月18日，赫本在伦敦进行了试镜。

试镜的场景是公主一下子躺在床上的一幕。

"OK，试镜结束，你可以回去了。"

听到这话，赫本停止了动作，但没有立即下床，而是坐在床边说："并没有人喊'Cut'呀！"

摄影机后面的工作人员大笑起来。

"Cut！"

试镜的导演喊道。赫本坐在床边伸出手臂抱住两膝，笑着问导演："我的试镜怎么样，这样可以吗？"

惠勒看到这段试镜影片，欣喜异常。影片里的赫本生动活泼又不失高雅气质，一颦一笑以及发觉摄像机拍摄时的天真反应，都十分吸引人。

"可爱、纯粹，很有才华，而且还很幽默。

赫本是饰演《罗马假日》公主一角的最好人选。"

因此,赫本在《金粉世界》公演结束后,又将进行电影《罗马假日》的拍摄。一下子出演两部大作品,她简直无法相信自己的幸运,同时也感到很紧张。

"要是搞砸了,可能以后就无法参加电影拍摄和舞台表演了。"

此外,要离开母亲和未婚夫,只身一人前往没有去过的美国,也让她感到不安。但当赫本拿着行李登上前往美国的邮轮后,她这样对自己说:

"是上帝帮助我登到这么高的地方看风景。不去试一下无法知道结果。只要努力去做,我一定可以完成得很好。"

当邮轮抵达纽约的港口时,站在甲板上握着扶手的赫本看到眼前的景色一下子兴奋起来。高楼大厦在朝霞的照映下熠熠生辉,道路纵横交错，大街上车水马龙，还有自由女神像矗立在远方。"哇，好漂亮的景色！"

赫本那颗不安的心放松下来。是的，赫本一下子就爱上了纽约。

为成为专业演员而付出的努力

在纽约的办公室里，话剧《金粉世界》的导演再次见到赫本时却很失望。在伦敦签合约时那个灵动的女孩不知什么时候变成了一个胖姑娘。原来在乘船来美国的旅途中，赫本不停地吃巧克力和蛋糕，导致体重增加了约7千克。导演马上命令赫本进行严格的减肥。

"为了站在舞台上，我本该作好充分的准备，现在却变得这么胖，真是该受到惩罚。"

为了减肥，她每天只吃一点牛排和蔬菜沙

拉，两周就把旅途中增加的体重全减掉了。但这样一来，赫本又没有足够的体力参加排练，经常体力不支。看到这样的情形，导演的妻子对她说："你必须按规律吃饭，不能再胡乱减肥了。"她建议赫本要营养均衡地进食。因此，赫本停止了严格的饮食控制，逐渐恢复了健康的纤长体形。那是赫本最后一次刻意减肥。此后，她一生都保持着苗条的身形。

除了体重，还有一个必须解决的大问题，那就是如何帮助赫本弥补舞台表演经验的不足。

"话剧表演不是靠摆动作就可以的，你的声音连最前排的观众都听不到。"

舞台监督和导演看到赫本的排练，感到有些担忧。如果演出失败了怎么办？如果演出中途观众们退场了怎么办？台下坐的可都是看惯了高水平演出的百老汇观众。演出不精彩的话，观众们立刻就会站起来离开。随着首演日期的临近，工作人员和赫本都很紧张，担心演出是否能成功。

首演之日到了。

第二天，纽约的报刊对赫本的表演给出了这样的评价：

"奥黛丽·赫本完美演绎了琪琪这个角色所应有的天真调皮和知性之美。"(《纽约时报》)

"赫本小姐的新鲜面孔带给我们活力，将反抗精神如小狗般敏捷地呈献给我们。她的表演犹如盛夏里吹过的一阵凉风，令人心旷神怡。"(《纽约先驱报》)

"之前从未在纽约的表演舞台上登过场的奥黛丽·赫本，和她所饰演的琪琪一样，是那样近乎完美。"(《纽约客》)

也有一些负面的评论，但绝大多数媒体都对赫本的表演给予了极高的赞誉。

演出获得成功，赫本一夜成名。首演结束

后，剧院举行了招牌变更仪式，邀请赫本亲手将原来的"《金粉世界》/奥黛丽·赫本主演"改为"奥黛丽·赫本/主演《金粉世界》"。

这是女主角变成女明星的最好证明。

赫本并没有将演出的成功归于自己。在接受记者采访时，她始终夸赞一同参演的其他演员是如何优秀。其实，赫本每场演出结束后都会直接回家，继续练习台词；她积极向有经验的女演员请教并一直坚持芭蕾练习。看到赫本的不懈努力和顽强精神，工作人员和其他演员都深受感动。赫本的演技也日渐成熟，《金粉世界》的公演取得了巨大成功。

《罗马假日》开拍

话剧《金粉世界》公演结束后，8月，电

影《罗马假日》在充满历史气息的意大利古都罗马开始了拍摄。

罗马因其悠久的历史和美丽的街道而被人们熟知,但8月的罗马正处在酷暑时节,并且当时社会极不稳定。拍摄并非是在舒适安全的环境下进行的。在对社会环境感到吃惊的同时,赫本内心还有另外一丝不安,那就是担心自己能否与格利高里·派克演好对手戏。时年36岁的格利高里·派克已经是电影界的大明星了。

赫本在到达罗马的当天晚上见到了格利高里·派克,那是他们第一次见面。派克微笑着握住赫本的手,开玩笑地用剧中角色称呼赫本"公主殿下"。

赫本一下子放松了。"我尽量不会让你失望的。"她像真正的公主一样优雅地答道。

其实在影片拍摄前,派克已经看过赫本在伦敦试镜的影片。也就是在那个时候,派克明白了这部电影的真正主角并不是自己,而是奥黛丽·赫本。于是派克向派拉蒙建议,在演职人员表上将赫本和自己的名字共同放在主角位置。因为派克坚信,赫本能够通过这部影片成为炙手可热的大明星。

影片的拍摄过程极其艰辛。在拍摄躺在宫殿床上的镜头时,室内温度接近40℃;在著名景点西班牙广场拍摄时,大约有1万名围观人群聚集在台阶下面,吹着口哨起哄。

"这场面太混乱了,赫本你不害怕吗?"

"不,一点儿也不害怕。"

听到派克这样问,赫本像公主一样,面带微笑、充满自信、冷静地答道。这使得派克越来越欣赏赫本。

《罗马假日》中很经典的一个片段就是派克和赫本分别把手伸进"真理之口",如果谁说谎话就会被咬断手。

派克为了追求更好的效果，偷偷留了一手。他把手伸进"口"中，装作被咬了，然后趁机将手缩进袖口。赫本帮他拉出胳膊，却意外发现派克的手真的不见了，不禁吓得大叫！得知真相后，她又气恼地扑上去捶打……这一系列表情和动作都是赫本的自然反应，所以十分生动可爱。惠勒导演以追求完美著称，一个镜头往往会拍很多次，但这个镜头一次通过。公主的天真和赫本的无邪在这里完美地融合在了一起。

惠勒对于赫本纯粹的美、丰富的表情和优雅的举止感到非常满意。如同预料的那样，赫本是公主角色最理想的女演员。但最后一组镜头的拍摄，赫本却无法达到导演预期的效果。那是公主向男主人公报社记者告别的场景。公主哽咽地说："我不知道该如何说再见，我想不出话来。""那就什么都别说。"公主流下眼泪，与记者最后拥吻告别。

这是公主结束短暂的恋情、难抑伤心的镜头，但赫本却无法让自己流出眼泪。

对赫本一向和蔼亲切的惠勒，这个时候也发了火。

"我们大家不可能在这陪你一整晚，你连哭都不会吗？"

看到惠勒发火的样子，赫本的眼里开始涌出眼泪。惠勒没有放过这个表情，立刻启动摄影机拍摄下来。电影的整体拍摄终于结束。惠勒事后对赫本道歉说："很抱歉对你那么凶，但我必须找到能让你哭出来的办法。"

《罗马假日》在1953年上映后，观众一下子就喜欢上了赫本的纯真可爱及其优雅气质。女人们纷纷模仿赫本剪掉长发，挽成半袖的衬衫配上长裙的搭配也一下子成为当时的潮流。全世界的影迷都在为这个新诞生的电影明星欢呼雀跃。

第四章

电影界和时尚界的缪斯

解除婚约

《罗马假日》拍摄结束后,赫本作出了一个重大决定——她要和未婚夫詹姆斯·汉森解除婚约。

赫本在担任平面模特、刚开始出演电影里的一些小角色时和汉森订了婚。由于赫本去蒙特卡洛参加电影拍摄,他们已经推迟了一次婚期;后来赫本到美国演出,两人的婚事不得不再次延期。其间,汉森一直很支持赫本的事业,他希望自己深爱的女人获得成功。但在话剧《金粉世界》公演后,赫本开始对结婚这件事犹豫起来。

"如果和詹姆斯结婚,我打算婚后至少一年的时间里暂停全部工作,作为他的太太专心照顾家庭。但现在我又不想让这么多帮助过我的人失望。詹姆斯虽然很理解并支持我做一名女演员,但我不知道自己能否和他这样继续走下去。"

不知是不是赫本犹豫不决的原因,在《金粉世界》公演期间,赫本偷偷收起了摆在后台的汉森的照片。

婚事被再一次延期到了电影《罗马假日》拍摄结束之后。两人的结婚启事已经在《泰晤士报》上刊载了,结婚礼服也准备好了,连伴郎伴娘都已经确定好了人选。但有一天,赫本下定决心,准备找汉森谈谈。

汉森也感觉到了眼前的未婚妻与平时不太一样。

"告诉我,到底发生了什么?"

"詹姆斯，我现在不适合结婚。因为如果我在做你妻子的同时还忙于工作，那对你是不公平的。"

"我并没有打算让你放弃事业，我会继续支持你的工作。"

"我觉得如果结婚的话，我就要做一个真正的妻子。但我总是忙于演出、拍照、试装、接受采访等，根本就没有时间顾及你和家庭。接下来马上又要进行电影宣传，一定比现在还忙。我非常爱你，但目前状态下的我会是一个很糟糕的妻子。所以我决定暂时不考虑结婚的事情。"

汉森内心极度失望，但他明白这对两个人来说都是最好的选择，他也十分清楚赫本作出这个决定有多么痛苦。

"好的，我明白了。"

两人的关系并没有因为解除婚约而闹僵，双方是沟通后一致同意解除婚约的。所以多年之后，每当赫本提起汉森或汉森说起赫本时，他们彼此还都充满着爱意。与赫本分别40年后，汉森这样回忆当时的情形：

"她的才华注定了她的星途和命运。如果让她做女演员以外的工作，那真的太可惜了。我从心里深爱着赫本，但我丝毫不后悔当初同意了她的决定。"

其实，母亲埃拉也不赞成就要取得成功的女儿在这个时候结婚；派拉蒙更是反对马上要成为公司"摇钱树"的赫本与普通男性结婚。但这些都不是赫本决定取消婚约的真正原因。经过这两年的刻苦努力，赫本内心深处对电影表演事业有了新的认识。从事表演事业最初只是为了赚钱生活，而现在成了她人生的目标，并且这个目标带给她的幸福感已然远远超过了婚姻可能带给她的。

赫本的时尚潮流

随着电影《罗马假日》的大卖，赫本在成为电影明星的同时也成了新时代的时尚先锋。在她之前，伊丽莎白·泰勒、索菲亚·罗兰、玛丽莲·梦露等性感女星长久以来代表着女性之美。

赫本则与她们相反，纤细豆芽般的身形，算不上丰满的胸部，长长的脖子，柔软的腿。比起其他性感女星，她的出现让人们越来越多地感受到了灵动之美。这种全新的审美观影响了美国、欧洲，甚至亚洲各国。

据说，《罗马假日》仅靠日本市场的票房收益就收回了三分之一的拍摄及制作成本。赫本以及她所引领的时尚潮流，对于在现实生活中不能以欧美丰满的女性为憧憬对象的日本女性来说是一个全新的理想类型。

赫本是一个能够客观看待自身的女演员。这也许是她小时候对自己的容貌感到自卑而造就的。在赫本还非常年幼的时候,母亲曾带她去布鲁塞尔观看芭蕾演出,从此她偷偷梦想成为一名芭蕾舞演员。但当她看到镜子中的自己——过于大的眼睛、不整齐的牙齿、胖乎乎的体形,又让她放弃了这个梦想。

"我长得这么丑,估计不会有人和我结婚了。"她幼小的心灵充满了绝望。

她甚至觉得自己刊登在英国时尚杂志上的那些很受欢迎的照片都不好看。

"胸部太平了,而且还那么瘦,我根本不适合做摄影模特。"

这位全世界都喜爱的电影明星,并非从小就是绝世美女。也正是因为如此,赫本才能完全客观地审视自己,才能拥有判断自己需要什么和不需要什么的能力。关于表现女性之美,赫本后来这样回忆：

"我必须要客观地审视自己，像调校机器一样对自己进行分析。不能忽略自己的缺点，更不能掩盖它，缺点之外的地方要多加打磨。"

在拍摄《罗马假日》时，有人建议她带上牙套以掩盖牙齿不齐的缺点，但赫本拒绝了。她也没有同意将自己浓密的眉毛修成好莱坞流行的眉形。她想要的是自己与生俱来的自然的美，而不是一直以来盛行的、为了取悦男人而后天加工的美。可以说，赫本掀起了一场改变审美观的革命。

赫本和服装设计师于贝尔·德·纪梵希的相遇决定了赫本日后独特的时尚服装造型。

在电影《罗马假日》还未上映时，赫本已经确定将要主演第二部电影《龙凤配》。她将在片中饰演主人公萨宾娜，一个受雇于富豪家庭的司机的女儿，后来被父亲送往巴黎的学校学习，慢慢变得成熟起来，成为一位漂亮干练的女性。影片描述了萨宾娜学成归来后与父亲雇主家的儿子恋爱的现代版灰姑娘的故事。导演比利·怀德将片中萨宾娜从巴黎留学归来后的服装造型委托给纪梵希设计。那时刚刚26岁的纪梵希虽然很年轻，但已被认为是能够接任香奈儿和朗雯，成为引领时尚潮流的新锐设计师。

赫本早就听说过纪梵希，特别喜欢他的设计以及以他为代表的全新的先锋时尚。为了能够早些见到他，赫本来到了巴黎的时尚沙龙店。

"您是赫本小姐？"

纪梵希看到眼前这位大眼睛、瘦瘦的女子时有些失望。他知道今天好莱坞女星赫本小姐要来试穿自己为新影片设计的服装，但他误以为是著名的奥斯卡女星凯瑟琳·赫本。当时《罗马假日》还没有上映，眼前的这个赫本还只是一个没有什么名气的女演员。

"您好,纪梵希先生。我特别希望能够穿上您设计的晚礼裙。"

"不知道有没有适合你的裙子,而且我正忙于准备新的时装发布会,不一定有时间单独为你设计。"纪梵希一边回答一边工作。赫本却不肯就此罢休:"麻烦您了。我不会耽误您更多的时间,就只试一件,可以吗?"

纪梵希没有办法:"那这样吧,你从我之前设计的服装中挑一件喜欢的试一下吧。"

他希望能快点把赫本打发走,所以勉强同意了。赫本没有丝毫犹豫,挑选了一件带有透视感的白色荧光晚装和一件黑色礼裙。看到穿好这套服装的赫本,纪梵希瞠目结舌。简单的几何线条构成的礼裙就像是为赫本量身定做般合体。赫本站在试衣镜前边转身边说:"真不可思议,您设计的这件礼裙让我过于单薄的肩膀和倒三角的体形看起来很好看。"

"这是怎么回事……看起来您完全知道自己需要什么,您的眼光不错。"

从此以后,纪梵希和赫本成了特别好的朋友。赫本在电影中的服装大部分是纪梵希为她设计的。赫本身穿纪梵希设计的时尚服饰,通过银幕和照片展现出了独特、摩登、干练的赫本风格。

新的恋人

这是赫本为了配合《罗马假日》在伦敦公映的宣传活动而返回伦敦时发生的事情。在格利高里·派克举办的聚会上,她认识了一位男性。

"赫本,这位是我的好朋友梅尔·费勒。"

派克向赫本介绍的这位男性身材高大,外

貌英俊，既是演员也是话剧及电影导演，是一个非常有才华的男人。

在电影《孤凤奇缘》中，费勒扮演一位身患残疾、通过木偶与一位天真的法国乡村姑娘结缘的木偶师。这部电影赫本曾经看过三遍，非常喜欢片中费勒所饰演的角色。

"您好，赫本小姐。您主演的《金粉世界》和《罗马假日》真的是太棒了。"

"谢谢夸赞，您在《孤凤奇缘》中的表演也非常棒。"

费勒用炽热的眼神看着赫本的眼睛。年长赫本12岁的他已经离过两次婚，还有一个4岁的儿子。但在赫本看来，这些并不妨碍他们在一起，她被费勒知性儒雅的气质迷住了，费勒也对清纯美丽的赫本一见钟情。

赫本专情于自己的选择并真诚地对待自己所爱的人。在那次派克家的聚会之后，费勒必须返回自己在伦敦的电影拍摄场地,赫本也必须回到好莱坞。分别前,赫本对费勒说:"如果有好的剧本,请一定让我和您一起演出。"

费勒将赫本的话记在心上并开始认真考虑如何促成共事的机会。不久,费勒向赫本推荐了一部名叫《温蒂妮》(Ondine)的法国话剧。此剧改编自中世纪的一个古老传说,讲述的是一个住在德国森林中的水精灵温蒂妮与一个骑士相识相恋的故事,故事以骑士的背叛和死亡而告终。

看了费勒发来的剧本,赫本一下子被吸引住了。当然,由赫本来饰演温蒂妮,费勒则顺理成章饰演骑士。话剧计划在百老汇公演。正好当时已经结束了电影《龙凤配》的拍摄,于是赫本回复费勒:"我愿意和您一起出演话剧《温蒂妮》。"

演出排练开始后,赫本和费勒的关系变得

亲密起来。赫本对费勒的好感与日俱增，认为他就是那个能够爱惜和守护自己的男人。

与以往在拍摄现场一样，她还是那个真实、纯粹、充满幽默感的赫本；不仅在银幕上，在现实生活中，她也有着让人着迷的魅力。水精灵温蒂妮的服装是渔网上粘着几片青绿色的假海草叶子，看上去几乎是裸露的。如果换作其他女星穿，可能会给人一种色情的感觉；但穿在赫本身上，因她天生的优雅气质，给人感觉就是一位真正的水中精灵。

赫本还想出了一个独特的妆术，使用让脸色看起来苍白的粉底和金色的眼线来搭配服装。就这样，在电影《罗马假日》上映半年后，话剧《温蒂妮》开始公演。

评论界出现了一边倒的好评，他们毫不吝惜对赫本的赞美。

"与其他演员相比，赫本演绎出了古典传说

的美妙感觉。她的演技实在是充满了神秘感。"
(《纽约时报》)

"奥黛丽·赫本自身的无比魅力使得《温蒂妮》取得了辉煌的成功。"(《综艺》杂志)

"《温蒂妮》一剧从赫本小姐站在舞台中央的那一刻就已经取得了成功。"(《新共和》杂志)

与各种赞美赫本的评论相比,几乎没有报道称赞费勒的表演。

成为奥斯卡女星

1954年3月25日,奥斯卡颁奖典礼在洛杉矶和纽约两地举行并通过电视向全国直播。这一年,赫本因主演《罗马假日》而获得最佳女主角的提名。她在话剧《温蒂妮》表演结束后直接赶往纽约的颁奖现场,甚至没来得及卸掉脸上的妆。即便这样,当她赶到现场时,典礼已经开始很久了。

记者们看到赫本后一下子围了过来,赫本只好快速跑进大厅深处的演员休息室。在休息室里,她遇到了黛博拉·寇儿,后者因主演电影《乱世忠魂》也被提名最佳女主角。与赫本的经历相同,黛博拉·寇儿也是从芭蕾舞演员转行为女演员的,后来她还主演了电影《国王与我》。当时黛博拉·寇儿也恰巧在百老汇演出话剧。"奥黛丽,你也是刚刚到吗?""是的,黛博拉,你也还没来得及换掉戏服吗?"

接着,黛博拉·寇儿问赫本:"你觉得怎么样?我想可能会是《孤凤奇缘》的莱斯莉·卡伦获奖。"

"我也是这样认为的。她的演技真的很棒。"

"但你也很棒。我们都不要放弃,一起去吧。"

"黛博拉，你演得也特别棒。"

在两人一番短暂的相互鼓励后，黛博拉·寇儿离开了休息室。

赫本急忙换上纪梵希为她设计的白色蝉翼纱礼服回到会场。看到换装后的赫本，在会场的红地毯边上等着拍照的记者们一时间忘记了拍照，因为眼前的赫本实在是太漂亮、太可爱了。记者们回过神来，赶忙纷纷按动快门。赫本也快速摆出姿势，配合记者们拍照，然后赶紧进入颁奖会场。

会场里，母亲埃拉早已在那里等她。早在《温蒂妮》排练开始前，赫本就把母亲埃拉接到了纽约。埃拉看到紧张的赫本，对她说了一句："镇定！"

刚才在休息室和赫本寒暄的黛博拉所主演的电影《乱世忠魂》，横扫最佳影片、最佳导演、最佳女配角等多个奖项，成为最大赢家。

然而，颁奖嘉宾一直没有提到《罗马假日》。每当念到获奖者时，赫本都微笑着鼓掌祝贺，同时不免心想："果然是这样，我没有待在这里的必要。"

到了揭晓最佳女主角的时刻了。赫本闭上眼睛，紧张的母亲埃拉一下子抓住了赫本的手。只见主持人打开写着获奖者名字的信封，念出了得奖女演员的名字。

"奥黛丽·赫本小姐。"

全场响起了热烈的掌声。难以置信的赫本睁开了眼睛，看到坐在身旁的母亲向自己肯定地点着头。赫本站起身，走到台上，接过了那座代表着银幕工作者最高荣誉的奥斯卡小金人。眼前这一切如同做梦。

"我衷心感谢那些一直以来鼓励我、支持我的人们。我非常非常开心，没有比现在更让我感到幸福的时刻了。"

台下响起了更加热烈的掌声。赫本接着说道:"此次获得奥斯卡奖,不会让我迷失自己,更不会让我忘记我的梦想,那就是我今后要努力成为一个名副其实的优秀女演员。"

赫本面带迷人的微笑,说出这番获奖感言。台下热烈的掌声经久不息。

"奥黛丽,祝贺你!"

"谢谢您,妈妈!"

"我们一会儿去买瓶香槟庆祝一下吧。"

母女俩买了一瓶香槟进行了庆祝。其实那只是一瓶很普通的香槟,但赫本后来说:"那是我喝过的最好喝的香槟了。"她确实是从心里这样认为的。

几天后,赫本又因她在《温蒂妮》里的表演获得了托尼奖。托尼奖是舞台剧领域的最高荣誉,可以说是舞台剧界的奥斯卡奖。

赫本第一次出演好莱坞电影就赢得了奥斯

卡最佳女主角奖,并成为美国演艺界第二位在同一年斩获奥斯卡奖和托尼奖两项桂冠的女演员(前一位是1953年的雪莉·布思)。时年24岁的赫本也成为迄今为止取得这一成就的最年轻的获奖者。不得不放弃芭蕾梦想的她,在伦敦登上表演舞台的第6年,就获得了全球演艺界人士梦寐以求的最高荣誉。

结婚及婚后的家庭生活

正如她在获奖感言中所说的那样,获得两项大奖的赫本并没有因此骄傲懈怠。

费勒将有关赫本的剧评念给她听。

当费勒读到"舞台上轻巧的身姿,宛如蹦蹦跳跳的小鹿一样"时,赫本说:"这只是在说我比较瘦、个子高吧。"

"大大的眼睛犹如清澈的湖水一般。"

"也许是因为我睡眠不足而出现的眼袋吧。"

"美容专家称赞你的眉型为'蝙蝠的翅膀'！"

"那其实就是想告诉大家不要轻易去拔眉毛罢了。"

何止是不骄傲，这样的自我评价简直就如修行僧一样极端谦虚克己。就连被称赞具有与生俱来的吸引力时，赫本也回答说：

"演戏对于我来说是件非常难的事情，我没有演技方面的天分。无论演什么角色，我都需要尽特别大的努力才能完成。"

对于赫本这样的反应，有的人认为她是谦虚，也有人诧异她为什么不能像其他获奖的成功演员一样，变得轻松和快乐。

赫本主演的第二部电影《龙凤配》试映会同样取得了很大成功。在《温蒂妮》公演后3

个月，赫本因为疲劳过度病倒了，战争时期患上的慢性哮喘病数次复发。医生建议赫本停止演出，因为这种身体状态无法支持她继续在舞台上表演。

最初为了生活，开始在音乐剧中伴舞，后来陆续接了一些电影里的小角色。在主演的第一部音乐剧《金粉世界》公演结束后又立即进入电影《罗马假日》的拍摄，然后又拍了第二部电影《龙凤配》，紧接着是话剧《温蒂妮》的演出。细想这6年中，赫本一直处在无间断的工作当中，没有休息时间，神经长期处于紧绷状态，身体也耐受不了劳累，以哮喘复发的形式发出了警告，赫本瘦了约7千克。

一直不曾轻易放弃的赫本，这次听从了医生的建议，决定在《温蒂妮》公演结束后暂不参加其他表演了。梅尔·费勒提议去空气清新的地方休养，两人便一起前往瑞士。

他们住在阿尔卑斯山脚下一座宁静的村庄里。窗外美丽的景色就像是为她孱弱的身体专门准备的,她的身心都得到了放松。

"高高的山峰,还有远处依稀可见的湖水,这里的景色实在是太美了!"

每天推开窗户,赫本都可以尽情呼吸清新的空气。在这样安静的环境里规律生活,享用美味健康的食物,赫本的身体逐渐恢复了。

"要是能一直生活在这里,该是多么幸福呀。以前我一直想老了以后生活在伦敦或纽约之类的地方,现在觉只有这个地方最合适我。"

对于赫本的这个想法,费勒这样接道:"我们两人一起生活在这里吧。奥黛丽,嫁给我吧!"

1954 年 9 月,赫本和费勒在瑞士的教堂里举行了婚礼。婚礼没有媒体记者到场,只邀请了少数朋友。赫本身穿白色婚纱，头戴白玫瑰花环，挽着费勒的手宣读了爱的誓言：

"今天是我人生中最幸福的一天。对于我来说，没有比和你结婚组成家庭更加重要的了。"

赫本一直憧憬着结婚后的家庭生活，心里盼望着能和相爱的人养育一个孩子。幸运的是，结婚几个月后，赫本得知自己怀孕了。

"梅尔，我感觉好幸福。拥有一个自己的孩子是我一直期盼的。"

"我也很开心。以后我们要尽可能多地在一起。"

他们两人在意大利罗马郊外的小家里继续过着幸福的新婚生活，因为当时费勒正在意大利忙于电影的拍摄。赫本每天去市场采购，和附近的农家邻居唠家常，学做意大利面和烘烤面包。她完全没有大明星的架子，无论在哪里，都是一副幸福快乐的新婚妻子的模样。

电影《龙凤配》上映后大卖，演出邀请又纷至沓来。然而，赫本满心期待着宝宝的降生，她甚至觉得为了孩子可以放弃自己的表演事业。

但新年过后不久，赫本满心的希望化作了泡影，她流产了。她和费勒两人陷入极度痛苦之中。特别是赫本，失去孩子的打击使她感到绝望，无法自拔。

"上帝啊，我不知道该怎样活下去。"

看着悲伤的妻子，费勒明白必须想办法改变现状，不能让她再这样痛苦下去。于是他向赫本提议一起出演电影《战争与和平》。这是一部根据俄国文学巨匠列夫·托尔斯泰的同名小说改编的电影，他在赫本怀孕前就收到了演出邀请。

"怎么样？只有电影才能够让我们暂时忘却这件痛苦的事情。正好你也说过，想在下一部电影中饰演一个严肃的角色，这个角色绝对能够丰富你的表演经验。"

赫本同意了费勒的提议。

"一味沉迷于过去的痛苦没有任何意义,我现在能做的或许就是饰演一个对我来说具有挑战性的角色吧。"

就这样,赫本重新开始了她作为女演员的人生之路。

作为一位母亲和一名演员

非常遗憾的是,巨额投资制作的电影大片《战争与和平》没有收获预期的好评。这部电影的剧本改了又改,与原著差别甚大,但赫本在片中的精彩表演仍然是一大亮点。

在那之后,她又先后出演了歌舞片《甜姐儿》、喜剧爱情片《黄昏之恋》、惊险爱情片

《翠谷香魂》等作品。在描写修女内心纠葛的电影《修女传》中,她的出色表演获得了"电影史上最佳演技"的评价,从而奠定了她作为一线女演员的地位。

赫本为了摆脱失去孩子的痛苦,没日没夜地工作,希望通过电影工作努力保持内心的平衡。但在她心里始终有一个巨大的缺憾,流产让她越来越体会到家庭和孩子对她的重要性。

1959年,赫本因再次怀孕而拒绝了所有的演出邀请,包括悬疑电影大师希区柯克的最新作品、史诗大片《埃及艳后》,以及在音乐剧历史上具有里程碑意义的《西区故事》等。

这一次,赫本决心无论如何都要保护好这个小生命。她推掉了所有工作,在当初举行结婚仪式的小镇静养,等待小生命的诞生。

终于迎来了生产的那一天,赫本对产房的护士喊道:"孩子在哪里?快让我看看孩子!他健康吗?"

"是个非常健康的男婴,他真是个大胖小子。"

听到护士的话,赫本才安心下来,随即昏迷了过去。这个约4千克的健康男婴,起名为肖恩。也是从这个时候开始,赫本的生活便以肖恩为中心了。

随着这个期待已久的孩子茁壮成长,家庭生活变得非常安稳。这时,赫本注意到一个剧本。杜鲁门·卡波特的小说《蒂凡尼的早餐》将被拍成电影。赫本在心里想象着自己饰演女主角霍莉会是什么样子。影片讲述的是过着随性生活的交际女郎霍莉与住在同一栋公寓的未成名作家坠入情网的故事。赫本从未尝试过交际女郎这样的角色,而且剧中的女主角外向、任性、狡狯,与自己的性格正好相反。赫本虽然对自己能否驾驭这个角色有些迟疑,但作为女演员，为了拓宽戏路，她特别想出演这个角色。赫本那颗渴望表演的心再次蠢蠢欲动起来。

霍莉这一角色原本是为玛丽莲·梦露量身设计的。但玛丽莲·梦露拒绝了这个角色，于是赫本收到了演出邀请。她根本没有时间胆怯和迟疑，尽管舍不得与年幼的儿子分离，但还是接受了邀请。

在影片开场，赫本饰演的霍莉身穿纪梵希设计的黑色小礼裙，在清晨乘坐出租车来到纽约蒂凡尼珠宝店前徜徉，这一幕成为电影史上的经典。赫本饰演的拜金、洒脱却又身处潜在危机中的霍莉获得了高度好评，影片取得了极大成功。虽然没有再次获得奥斯卡奖，但赫本成功饰演了与自己的性格和经历完全相反、具有相当大难度的角色，这不仅使她对自身演技更有信心，也让她今后的演艺事业更上一层楼。在那之后，赫本以每年主演一部电影的节奏继续着自己的表演之路。

此时的赫本已被公认为是实力派女星,各大电影公司的剧本和演出邀请纷至沓来。赫本会与丈夫费勒一起商量,从中挑选自己喜欢的角色出演。但此后久久没有再遇到像《蒂凡尼的早餐》中霍莉这样让她心动的角色。

直到《蒂凡尼的早餐》拍摄结束两年后,赫本遇到了她无论如何都想饰演的角色,那就是电影《窈窕淑女》中的伊丽莎·杜利特尔一角。作品讲述的是身处伦敦底层、靠卖花为生的女子伊丽莎在遇到语言学教授希金斯后,被他改造成为一个上流社会的优雅贵妇的故事。作品曾作为音乐剧在百老汇上演,由朱莉娅·安德鲁斯出演伊丽莎,获得了极大成功。在计划拍成电影时,伊丽莎一角决定由赫本来出演。

在瑞士家中得知这一消息的赫本,边敲着

浴室的门边喊道:"妈妈!妈妈!太好了,伊丽莎的角色已经定下来了,我要演伊丽莎啦!"

"出了什么事?奥黛丽,是着火了吗?哪儿着火了?"

正在浴室里的母亲埃拉听到赫本极度兴奋的大喊,还以为是家里失火了,裹着浴巾慌忙跑了出来。当她得知原委后,母女俩决定喝啤酒庆祝一下赫本能够得到这个所有女演员都想出演的角色。

然而,这部令赫本满怀期待的电影,拍摄过程并不顺利。一方面,有些合作演员为朱莉娅在音乐剧版中大获成功却未能出演电影版打抱不平;另一方面,影片对演唱部分要求非常高,这对于没有接受过任何声乐训练的赫本来说,确实是一件困难的事情。赫本在认真接受声乐训练的同时,也与导演讨论是否必须要使用她本人的歌声。

最终，影片中的歌曲部分还是选用了专业歌手的演唱。赫本虽然数次感到委屈，但并没有表现出来，只是默默地继续排练，等待电影的拍摄。

历经重重困难拍摄完成的《窈窕淑女》一经上映就获得了影迷的好评。成为贵妇的伊丽莎去赛马场的一幕堪称经典。头戴羽毛装饰的帽子，再搭配奢华的礼裙，赫本在影片中的这一造型深受人们的喜爱。

20世纪五六十年代，影迷们沉醉于如梦幻般美丽的光影世界中，而女星赫本就活跃于那个时代的银幕上。

第五章

真正的幸福与祈祷和平

离婚及再婚

赫本因《罗马假日》在好莱坞取得了辉煌的成功,但她的婚姻生活渐渐出现了矛盾,她和丈夫费勒的关系产生了裂痕。

费勒与赫本的婚姻最初就不被大家看好。有人认为费勒并不是赫本工作上的伴侣,他之所以追求赫本,是出于他想要独占赫本进而控制其工作的野心。以往每每出现这样的传言,赫本和费勒都会一起出面否定。但在电影《窈窕淑女》开拍后,拍摄现场时不时传出他们两人迟早会离婚的说法。一个同组演员曾说:"费勒和赫本一起来过几次,但我真的不喜欢他。

他很自大，而且对赫本一点也不温柔。经常能听到他们俩在后台争吵，感觉他们的婚姻关系已经破裂，马上就要离婚了。"

在出演《窈窕淑女》之后，赫本再次放慢了工作节奏，因为她希望能够多陪陪已经上小学的儿子肖恩。费勒要求赫本多接些工作，但赫本以工作已经太多为由拒绝了他的要求。两人为此经常发生争吵。

费勒常常对赫本指手画脚，这其实是因为妻子与日俱增的名气让作为男演员的他倍感压力。赫本每次参演的电影必定获奖，而自己的电影鲜有好评。就算是接到导演打来的关于电影筹划的电话，费勒心里也十分清楚，制片方让自己参演只是碍于情面，真正的目的是希望赫本能够出演。特别是当时的媒体称呼他为"赫本先生"，让他十分难堪。

后来发生的一件事情进一步加深了夫妻两

人的裂痕。纪梵希推出了一款以赫本之名命名的香水并上市销售，这令费勒十分恼火，要求纪梵希有所回报。得知此事的赫本非常生气："我不想要纪梵希的任何东西，包括香水和金钱。他是我的朋友！能够在事业上对我有帮助，这样就足够了。再说我已经在专卖店购买了那款香水，不可以吗？"

此时的两人已经到了即便见面也不谈论重要事情的地步，但赫本还是努力维持着家庭的完整。年幼时父母关系的不和给自己留下了痛苦回忆，她不想让儿子肖恩也经历同样的痛苦。

然而，她的努力并没有起到作用。赫本在38岁时再次怀孕，但在3个月后不幸流产。深受打击的赫本忽然顿悟自己努力挽回的夫妻关系已经名存实亡。

几个星期后，费勒和赫本两人正式宣布离婚，这段维持了14年的婚姻走到了尽头。

离婚后,赫本带着儿子肖恩在瑞士开始了平静的生活。母子俩居住的老房子位于日内瓦湖畔一个名为特洛什纳的小村庄,那是在肖恩上学前购买的。她给老房子起名"和平之邸"并在那里过着隐居的生活。

倍感疲惫的赫本常常去罗马的老朋友家中拜访。这些贵族阶层的朋友是她决定离婚前重新熟络起来的。她们在闲聊中安慰自我封闭的赫本。有一次,她们约赫本到爱琴海小岛游玩散心。虽然不是很想去,但也别无他事可做,于是赫本答应了。

在游轮上,赫本遇到了一个男人,名叫安德烈亚·多蒂。他是在罗马大学工作的精神科医生,比赫本小9岁,是个帅气、开朗、外向且成熟有魅力的男人。两人一见钟情。

"我14岁时,看到你在拍摄《罗马假日》,当时还有幸和你握了手。然后我兴奋地跑回家告诉妈妈，我以后要和那个漂亮的女演员结婚。"

"啊，14岁？我当时没有注意到你，真是遗憾。"

在游览爱琴海诸岛的8天时间里，两人的关系逐渐变得亲密起来。赫本害怕离婚会给孩子留下心理阴影，所以就这个担忧向作为精神科医生的安德烈亚进行了咨询。她一开始只是感谢安德烈亚给予她建议，但在不知不觉中，这种感谢之情变成了爱意。

从爱琴海游玩回来后，赫本有时去罗马，安德烈亚有时来瑞士，两人的感情发展得很顺利。

赫本在罗马的朋友们对这段感情都不看好，他们认为浮华且热衷于交际的多蒂并不适合期望过平静生活的赫本。对于朋友们的劝告，赫本并没有放在心上，因为她看到多蒂与自己的儿子肖恩很合得来。她也被多蒂所说的诸如"如果和你结婚,我想让你给我生好多孩子"之类的话打动,开始认真考虑与多蒂的婚事。那一年圣诞节,多蒂向赫本求了婚;转年的1969年1月,赫本与多蒂在瑞士的市政厅举行了婚礼。身穿纪梵希设计的粉色针织裙的她和电影中一样美丽。

普通的家庭主妇

婚后,赫本和多蒂及儿子肖恩一起住在罗马的老房子里,那是一处位置绝佳的住宅,窗外就是台伯河的美丽景色。在那里,赫本决心开始自己想要的生活,作为一位妻子、一位母亲,而非一名演员。

"我想成为一个合格的家庭主妇。我从12

岁到38岁一直在工作。从今天开始,我要和自己爱的人一起共度余生。我终于可以开始过悠闲的生活了。"

赫本开始自己接听家里的来电,到街上采购。她与多蒂的亲戚积极交往,每周日和他们一起用午餐并陪多蒂的母亲去教会。她努力迎合丈夫的生活习惯,多蒂下班后喜欢去夜总会,有时赫本就跟着多蒂去陪他跳舞。电影剧本和片约一如既往地送到赫本手里,但她根本没有看,有的甚至都没有打开。

赫本过着成名后不曾有过的普通生活,感到非常充实。然而,多蒂心中是将赫本当作《罗马假日》中的公主,他得意于自己娶到了耀眼的大明星。看到这样回归家庭并开始以家庭主妇面目示人的妻子,多蒂从心底里不能接受。

婚后第4个月,赫本怀孕了。她决定在瑞士的和平之邸安胎。虽然在罗马工作的多蒂每个周末都会来瑞士，但赫本常常听到一些关于多蒂的绯闻。

多蒂工作时十分认真努力，但工作一结束，他就会出入社交场所。这个习惯即便在他与赫本结婚后也没有改变，他仍然和许多女性保持着交往。和身为电影明星的赫本结婚后，他成了娱乐记者们的追踪目标。报纸上的娱乐版面时不时就会爆出一些多蒂和女演员、女模特暧昧的照片。对此，赫本从未向多蒂提起，她一直努力保持平静的心态等待着孩子的出生。

新生命在洛桑的州立医院落生。男孩长得和父亲多蒂非常像，起名叫卢卡。赫本本来担心长子肖恩会对刚刚出生的弟弟心存嫉妒，但事实证明她的担心是多余的，肖恩特别喜欢弟弟。随着次子卢卡的出生，赫本越来越重视家庭生活了。

她会在清晨五点半就起床，为卢卡及全家

准备早餐。多蒂加班工作时，她会做好意大利面送到医院，与多蒂一起用晚餐。为了做好医生的妻子，赫本还常常学着计算药物的服用量，辅助多蒂的工作。

卢卡刚刚出生时，赫本接受过记者的采访。

"您是打算完全回归家庭，做一名家庭主妇吗？"

"是的。"

"一直这样下去？"

"一直这样。我不想工作了。"

"即便你那么有表演才华？那是上帝赋予您的才华呀。"

"不是的，我其实并不那样认为。我只是喜欢演员这个职业，所以想尽全力把它做好而已。现在我的状态是我作为女人这辈子最想要的生活。"

与赫本为家庭付出的努力相反，多蒂越来

越沉迷于酒色。他经常在夜总会待到凌晨三四点,第二天肯定会有绯闻照片刊登在报纸上。娱乐记者整天追拍赫本母子,使得赫本根本无法带儿子卢卡外出。不胜其烦的赫本只好时常带着卢卡回到没有人跟拍的和平之邸生活。

后来罗马越来越不适合生活,意大利在20世纪70年代初陷入经济危机,大街上到处都是失业的人,各地不断爆发反政府运动。暴力和恐怖主义活动时有发生,针对有钱人家、社会名流的孩子的绑架案件多了起来。赫本也接到了几次恐吓电话,这让她在精神上承受着巨大的压力。

"我太担心孩子们的安全了,罗马已经不能再住下去了。"

"好的,你马上带着肖恩和卢卡去瑞士,我周末过去。"

即使在家人的安全已经受到威胁的情况

下，多蒂也不肯离开罗马。他的做法深深刺痛了赫本。就这样，母子三人搬到了瑞士的和平之邸。

搬到瑞士之后，赫本的心境发生了变化。她开始考虑重回阔别已久的银幕。这时肖恩已经15岁了，个子比赫本还高；5岁的卢卡照顾起来也已经不像婴儿时那样耗费精力。两个孩子都赞成母亲重返银幕。

和多蒂分居两地，他们的夫妻关系已经破裂，这已是众所周知的事情。悲伤痛苦的赫本为了转移自己的注意力，一连出演了三部影片，《罗宾汉与玛莉安》《朱门血痕》和《哄堂大笑》。遗憾的是，这些影片都没有之前的反响大。

赫本也意识到自己在拍摄现场已经无法体验到以前出演电影时的快乐感觉。即便这样，赫本重返银幕的选择还是给她带来了一些改变。

赫本与一位男性相识，开启了新的生活。

新的伴侣

《哄堂大笑》拍摄刚刚结束，赫本参加朋友家的晚宴，认识了一位名叫罗伯特·沃尔德斯的荷兰人。沃尔德斯是位男演员，是电影《呼啸山庄》的女主角梅尔·奥勃朗的丈夫，由他出演的电视剧的收视率也很高。不幸的是，不久前梅尔患病离世了。

"梅尔的离世真让人难过。我曾在朋友家和她见过面，她是个完美的女性。"

"谢谢！她离世已经两个月了，但我至今仍然不敢相信。"

赫本和沃尔德斯用荷兰语交谈着。那时正值两人人生中最痛苦的时期，他们边喝酒边互相倾诉，不禁落下眼泪。在交谈中，赫本得知沃尔德斯在战争时期被疏散到的地方离自己当时所在的阿纳姆很近。沃尔德斯比赫本小7岁，但两人相似的人生经历让他们的关系一下子亲密了起来。沃尔德斯后来这样回忆两人当时的情形：

"赫本最初想要帮我找一个新伴侣，但我从一开始就喜欢上了她。我知道她正打算和她的丈夫离婚，但这需要一些时间。"

在那之后，赫本开始和多蒂办理离婚手续。正如赫本在长途电话中告诉沃尔德斯的那样，沃尔德斯成了赫本可以信赖的朋友和倾诉对象。他知性、感情丰富而细腻，完全不同于赫本之前遇到的男人。他对赫本温柔体贴，既没有想要利用赫本的野心，也没有打算把自己喜爱的女人当作勋章一样炫耀。

"我好害怕自己爱上沃尔德斯。"

有一次，赫本向好友阿娃·加德纳谈起她当时的心境。赫本没有想到到了这个年纪，还能遇到可以让自己敞开心扉的异性，自己仿佛又重回那个可以无忧无虑恋爱的少女时代。

"奥黛丽，我们一直没有弄明白自己想要什么样的男人。作为女明星，你更没有时间去慎重选择，但我觉得沃尔德斯是个不错的男人。他是个真正的绅士，一定会带给你幸福的。"

事实正如阿娃所说的那样。儿子肖恩和卢卡很快就喜欢上了沃尔德斯，他们认为沃尔德斯是自己新的家人。三人一起打扫和平之邸的庭院，一起大声念书，家里充满了欢声笑语。赫本和沃尔德斯还经常一起到市场去买菜买花，和宠物犬一起外出散步。两个人真心真意地相互陪伴。赫本像孩子一样信赖自己所爱的人，可以把自己的一切毫无保留地给予对方。和沃尔德斯在一起，赫本内心感到很充实，这也是她第一次有这样的感觉。

和多蒂离婚后,与沃尔德斯生活在一起的赫本感到很幸福,他们俩彼此拥有就已经很满足,所以并没有进行结婚登记。来和平之邸做客的朋友们都会受到沃尔德斯的热情款待,赫本觉得自己终于过上了真正平和的生活。后来母亲埃拉去世,沃尔德斯成了赫本的支柱。在他的陪伴下,赫本才撑过那段伤心难过的日子。

"虽然浪费了那么长时间才遇见沃尔德斯,但能与他相遇已经让我感到很幸运了,花费些时间又算什么呢?"在谈到沃尔德斯时,赫本曾这样对朋友说。

担任联合国儿童基金会的亲善大使

1988年,赫本走进了位于瑞士日内瓦的联合国儿童基金会的大门。她一直想为那些不幸的人做一些自己力所能及的事情。当初赫本在战争期间忍受饥馑的时候,正是联合国儿童基金会的前身联合国国际儿童紧急救援基金会给自己送来了丰富的物资,她对此一直心存感激。

那时,非洲的埃塞俄比亚爆发内战,又遇干旱,缺少食物和药品导致成千上万的儿童死去。赫本和沃尔德斯一起来到埃塞俄比亚,他们被眼前的惨状惊呆了:干涸的河道、光秃秃的荒山以及孩子们空洞的目光、干瘪的肚子和满是污垢的身体。赫本去了埃塞俄比亚的很多地方,向妇女和儿童伸出了援助之手。当演员时很不喜欢出席记者招待会的赫本,为了让更多的人知道埃塞俄比亚的悲惨状况而主动召开了记者见面会。

"有 25 万名儿童现在正处于死亡的边缘,

如果再没有人去严肃对待这件事情，那将是一场悲剧，是我们这个时代最大的耻辱。"

被委任为联合国儿童基金会亲善大使的赫本，积极在世界各地为非洲难民儿童寻求援助。她毫无保留地利用自己的知名度，希望更多地帮助这些孩子。作为亲善大使的赫本，将自己所有的时间和精力都用来帮助那些饱受饥饿折磨的孩子们。她先后访问了土耳其、苏丹、孟加拉、越南、索马里等国家和地区，这些付出都是自愿且无偿的，一年只领取象征性的1美元作为酬劳。赫本收到了来自全世界的赞誉，但她表示："那些匿名支持联合国儿童基金会活动的人才配得上这样的称赞。人们对慈善事业的热心是出于对我的信任，但真正挽救那些孩子们生命的是为联合国儿童基金会默默工作的人。"

和天使分别

在瑞士和平之邸的庭院里,沃尔德斯搀扶着赫本,陪着她散步;后面跟着肖恩和卢卡,还有护士。园艺师看到赫本,对她说:"夫人,等您身体好些了,请帮我栽种植物和修剪花草吧。"

"好的,不过我想我可能无法像从前那样了。"

赫本笑着回答。在场的人都清楚赫本的身体状况。在索马里进行慈善工作时,她感染了传染病,经过手术治疗才脱离危险,但她为此忍受了极大的痛苦。随后,疲劳虚弱的赫本又被查出罹患结肠癌。她平静地接受了这一事实,并表示希望最后的日子能在自己最喜欢的和平之邸度过。

即便服用了镇静剂,赫本瘦弱的身体也难

以忍受病痛的折磨，但她还是极力忍住疼痛，微笑着面对前来探望的众多朋友。她对自己的两个儿子说："你们是我创作的最好的作品。"看到有时难以抑制悲伤情绪的沃尔德斯，她会安慰他说："笑一笑吧，就当是为了我。"

即便这样，赫本心里还牵挂着索马里饱受饥饿和贫穷的儿童。她在临终前对家人说："对不起，我要走了。"

1993年1月20日，奥黛丽·赫本永远闭上了双眼，享年63岁。她走得很安详。

听到赫本离世的消息，全世界热爱她的影迷都为之难过，从世界各地寄来了无数的鲜花和信件。

从不张扬、保持克己、总是替他人着想的赫本，将她的爱、她的美丽以及她祈祷和平的心愿，永远留在了人们的心中。时至今日，被喻为天使的赫本，从未被人们遗忘。

年　表

年份	年龄	大事记
1929年	0岁	5月4日，奥黛丽·凯瑟琳·赫本-拉斯顿在比利时布鲁塞尔出生（大萧条爆发）
1935年	6岁	进入英国的寄宿学校学习；不久父亲失踪；开始学习芭蕾
1939年	10岁	搬到荷兰阿纳姆生活（第二次世界大战爆发）
1940年	11岁	德军占领荷兰，加大了对犹太人的迫害
1941年	12岁	师从维尼亚·马洛娃，专业学习芭蕾
1944年	15岁	阿纳姆战役，全城陷入混乱（荷兰大饥荒）
1945年	16岁	搬到荷兰阿姆斯特丹（第二次世界大战结束）
1948年	19岁	移居伦敦，进入兰伯特芭蕾学校学习

续表

年份	年龄	大事记
1949 年	20 岁	芭蕾舞演员梦想破灭；出演音乐剧《高跟纽扣鞋》
1950 年	21 岁	在《天堂里的笑声》等电影中出演小角色；与英国富商詹姆斯·汉森订婚
1951 年	22 岁	担任电影《双姝艳》中的女二号，饰演芭蕾舞演员；出演百老汇音乐剧《金粉世界》，担任女主角
1952 年	23 岁	与詹姆斯·汉森解除婚约
1953 年	24 岁	主演电影《罗马假日》，在好莱坞出道；之后主演的电影《龙凤配》也大获成功
1954 年	25 岁	凭借电影《罗马假日》斩获奥斯卡最佳女主角奖；与梅尔·费勒结婚
1957 年	28 岁	电影《甜姐儿》《黄昏之恋》上映
1959 年	30 岁	电影《翠谷香魂》《修女传》上映，演技获得高度评价
1960 年	31 岁	长子肖恩出生
1961 年	32 岁	电影《蒂凡尼的早餐》上映
1963 年	34 岁	（美国总统肯尼迪被暗杀）

续表

年份	年龄	大事记
1964 年	35 岁	搬到瑞士特洛什纳的"和平之邸"（这也是赫本到去世前一直居住的地方）；电影《窈窕淑女》上映
1968 年	39 岁	与梅尔·费勒离婚
1969 年	40 岁	与安德烈亚·多蒂结婚，移居罗马
1970 年	41 岁	次子卢卡出生
1980 年	51 岁	与罗伯特·沃尔德斯相识
1982 年	53 岁	与安德烈亚·多蒂离婚
1984 年	55 岁	母亲埃拉去世
1988 年	59 岁	作为联合国儿童基金会亲善大使前往埃塞俄比亚
1989 年	60 岁	接受斯皮尔伯格导演的邀请，出演电影《直到永远》
1991 年	62 岁	（海湾战争结束）
1992 年	63 岁	去索马里访问途中，身体不适，查出结肠癌晚期；翌年 1 月 20 日，在睡梦中去世

参考文献

本书在写作时参考了以下书籍和资料，感兴趣的读者可进一步了解阅读，相信一定会有新的收获。另外，部分书籍可前往图书馆等处查阅。

《奥黛丽·赫本传》，巴里·帕里斯著，永井淳译，集英社，1998年

作者根据对奥黛丽·赫本本人及其家人、朋友、电影制作工作人员等人的采访，整理出赫本的生平。这本书可以作为赫本传记的经典之一。

《奥黛丽·赫本：仙子的秘密》，贝特

朗·梅耶尔-斯塔布莱著,藤野邦夫译,风媒社,2003年

该书作者系奥黛丽·赫本的朋友、前 *ELLE* 杂志记者、传记作家。该书通过简单易懂的语言描绘出赫本的纯真人性。书后非常详尽地附上了赫本的电影作品、舞台剧作品及其担任联合国儿童基金会亲善大使期间的慈善义举介绍。

《女明星奥黛丽·赫本》,古屋美登里著,理论社,2002年

"梦想生活"丛书之一,旨在讲述成功女性的人生经历。卷末针对梦想当女演员的青少年提出了很多建议。

《奥黛丽·赫本的生活方式》,山口路子著,新文物文库,2012年

书中收集了奥黛丽·赫本当初面临人生选

择时的回忆，并对赫本作出选择的背景进行了详细阐述，书中还对赫本的电影代表作进行了简单介绍。

《奥黛丽·赫本的故事：隐匿于 100 张照片中的传说》，肖恩·赫本·费勒编著，松井贵子译，二见书房，2011 年

奥黛丽·赫本的长子肖恩编著的写真集。每张照片旁都有摄影师评论等小故事，堪称一部展现了赫本时尚风采的写真集。

《永远的时尚引领者：奥黛丽·赫本风格》，《银幕》杂志编，近代映画社，2013 年

《罗马假日》公映 60 周年纪念写真集。新版增加了《喜爱奥黛丽·赫本的七个理由》，其中刊载了很多非常珍贵的、曾刊登在《银幕》杂志上的赫本照片。

其他参考文献

《奥黛丽·赫本的爱和真实》,伊恩·伍德沃德著,坂口玲子译,日本文艺社,1993年

《奥黛丽·赫本风格》,帕梅拉·克拉克·基奥著,笹野洋子译,讲谈社,2000年;(中文简体版:《赫本风格:好莱坞永恒时尚女神》,陈美岑译,中国对外翻译出版公司,2005年)

《奥黛丽·赫本:我的风格》,斯特凡尼娅·里奇编,迫村裕子译,朝日新闻社,2001年

《看!创造历史的人物传10:奥黛丽·赫本》,新伟人传项目编,白杨社,2009年

《奥黛丽·赫本:真实故事》,亚历山大·沃克著,斋藤静代译,阿尔法贝塔社(alpha-beta-books-publishing),2003;(中文简体版:《奥黛丽·赫本传》,曾桂娥译,长江文艺出版社,2017年)

《永远的奥黛丽·赫本》,SPUR 杂志编,

集英社，1993 年

《记忆中的奥黛丽·赫本》，1DVD，日本哥伦比亚株式会社，2002 年

思考题

思考题 1

在第一章关于赫本成长过程的描述中,赫本遭受到了什么重大打击?在这个时期,又是什么最终改变了她的性格,让她重新快乐起来?

思考题 2

赫本放弃了最爱的芭蕾舞而选择当一名演员,她是如何说服自己并坚持自己所擅长的事情的?

思考题 3

赫本晚年作为联合国儿童基金会的亲善大使,积极访问世界各地,救助难民儿童。她积极投身公益事业是源于什么样的心情?她的动力又是什么?